Les petites associations

Collection « Mondes solidaires »

Consacré au milieu associatif, la collection « Mondes solidaires » a pour ambition de mettre en lumière les nombreuses initiatives de personnes engagées dans un projet solidaire ou alternatif, local ou international. Du compte rendu de mission à l'étude sociologique, il s'agit de mieux faire connaître les projets en cours et d'en saisir les dynamiques.

Jean-Claude Dessaivre

Les petites associations

L'artisanat discret de la solidarité internationale

Les liens Loire-Atlantique – Madagascar

L'Harmattan

5-7, rue de l'Ecole-Polytechnique, 75005 Paris

http://www.editions-harmattan.fr

ISBN : 978-2-343-17285-9
EAN : 9782343172859

Remerciements
Merci à tous les bénévoles d'associations qui ont pris du temps pour évoquer avec sincérité et passion leurs activités. Habitués à la discrétion, ils ont pourtant su dire le vécu de cet engagement mais aussi la conscience de ses limites. Ce texte est aussi le leur, il témoigne de leur volonté d'agir pour un monde plus solidaire, des avancées et des difficultés et, inévitablement, de nombreux questionnements.

Introduction

Genèse d'une enquête

Fin 2011, lors de la visite en France de la directrice malgache d'un centre d'accueil d'enfants, une recherche sur Internet, notamment à partir du site du JO, pour inviter à un débat, me fait découvrir qu'il existe en Loire-Atlantique sans doute plus de 50 associations en lien avec Madagascar. Régulièrement, nous voyons sur des marchés des associations locales de solidarité internationale avec de nombreux pays.

Cette « découverte » surprend quand elle est rapprochée de deux lectures récentes. Une phrase de Bernard Kouchner : « Il est fini le temps du bricolage humanitaire, de la main à la main, d'homme à homme. Les organisations de charité qui demeurent en vie sont gérées comme des entreprises[1]. » Il y avait aussi le souvenir de cet ouvrage, publié en 2002, sous la direction de Annie Collovald, *L'humanitaire ou le management des dévouements*[2], qui étudie ce qui est qualifié de « militantisme expert », notamment celui de salariés de EDF, dans le cadre des CODEV, et qui présente, dès la première page de l'introduction, ce type d'associations comme « le gros de la troupe des OSI[3] ».

On sait que les principaux médias ne parlent que des « grosses » ONG, de préférence soutenues par les *peoples* (Adriana Karembeu ou Angelina Jolie ou mieux, l'ex-compagne d'un président au moment de la séparation), ONG qui, souvent, interviennent dans les situations d'urgence (Biafra, Darfour, tsunami, le tremblement de terre à Haïti). Les plus petites

---

1 Bernard Kouchner, *Charité business* ? Paris, Le Pré aux Clercs, 1986.

2 A Collovald, L Willemez, MH Lechien, *L'humanitaire ou le management des dévouements. Enquête sur un militantisme de solidarité internationale en faveur du Tiers-monde*, Rennes, Presses Universitaires de Rennes, 2002

3 OSI : Organisation de Solidarité Internationale. Nous utiliserons aussi le sigle ASI pour Association de Solidarité Internationale

peuvent être évoquées si elles sont à l'origine de scandales (par exemple l'Arche de Zoé).
Dans des réunions, souvent, les réflexions générales sur le monde associatif de la solidarité internationale semblent partir du constat qu'il n'existe que des ONG qui ont des volontaires expatriés.
Qu'en disent les sociologues ou politistes ? Les études que j'ai pu trouver alors s'appuient essentiellement sur des enquêtes sur ces mêmes « grosses » organisations (CCFD [4], ou Secours populaire), notamment les « urgencières » (MSF, MDM, ACF, HI) ou sur l'analyse de formes spécifiques de pratiques (*fund raising*, militantisme expert). Toutes choses qui ont évidemment leur intérêt mais qui ne recouvrent certainement pas toutes les formes d'engagement.
Il en est résulté l'impression d'une absence de connaissances et d'études sur ces « petites associations » qui pourtant sont bien présentes. Un essai d'extrapolation (cf. chapitre 14) donne un ordre de grandeur de 30 000 organisations de ce type en France. Il n'y a donc pas que les *French Doctors*, ces héros professionnalisés. Comment donner un peu de visibilité à ces acteurs du quotidien ?

Quelle étude ?

Par cette étude de terrain, j'ai voulu apporter une contribution à la reconnaissance d'une forme d'engagement, celle qui se concrétise dans les « petites » organisations. Une étude comparative systématique entre les différentes formes d'organisation semblait difficile et sans doute illusoire. Un « débroussaillage » de ces questions s'imposait. Il était cependant dans les objectifs de rechercher, si possible, des diversités et similitudes dans les modes de fonctionnement et d'engagement.
La recherche a été centrée sur les pratiques ; la question des éventuelles spécificités des caractéristiques sociales des acteurs n'a pas été approfondie. De nombreuses questions peuvent être posées sur l'origine et le fonctionnement de ces petites structures, sur les déterminants de l'engagement des

4 Pour les sigles des associations, voir si besoin en annexe.

participants, les ressources en jeu (argent, temps, idées, compétences), sur l'évolution historique des pratiques et relations, sur ce que cela produit en termes de liens entre les communautés de ces deux pays. Qu'est-ce qui se joue dans notre société ? Dans les rapports entre des sociétés de pays différents ? Ce qui circule et se construit : du lien, de la confiance, des affects, du capital social ou symbolique, etc. Mais pourquoi les associations « installées » ne suffisent-elles pas, ne semblent-elles pas à certains la solution adaptée ? Elles ont pourtant une logistique, un savoir-faire, une efficacité souvent.

Le court passage de comparaison (chapitre 15) a seulement un but d'illustration, d'explicitation. Il ne s'agit pas de comparer pour démontrer une supériorité d'une forme d'engagement sur une autre mais de donner de la visibilité à une forme particulière, *a priori*, peu étudiée.

Ce texte est donc un essai de compréhension d'une forme spécifique d'engagement, de ses conditions d'existence et la description de ses activités. Ce n'est pas une évaluation de la pertinence ou de l'efficacité de ce type d'action, ce qui nécessiterait la définition précise de critères de jugement.

Ces petites associations ne constituent évidemment pas un ensemble homogène. Le choix a été de montrer la diversité en allant voir de plus près certains acteurs collectifs, sans pouvoir approfondir toutes les questions posées par cette forme d'engagement, et de présenter une sorte d'état des lieux pour engager, si possible, le débat. L'enquête n'est pas faite sur un échantillon représentatif. C'est plutôt un travail exploratoire qui permet de poser des questions.

Il y a aussi besoin de revenir sur le sens des mots utilisés. Il est parfois difficile de se comprendre. Plus on « creuse », plus on avance, plus on perçoit la difficulté de la communication si on ne se limite pas au superficiel. Dans beaucoup d'écrits, il est question d'« humanitaire », une grande catégorie. De quoi parle-t-on ?

Il existe des études (rapports) faites pour les « spécialistes », par exemple celle sur les collectifs et plates-formes[5]. Elle est intéressante mais incompréhensible pour beaucoup de bénévoles de ces associations... Problème du langage et des codes.

Ce texte pose des questions de natures différentes : du domaine de la sociologie des organisations (nombre, description, morphologie, fonctionnement, évolution, origines, structuration de l'action) mais aussi de l'ordre de la sociologie de l'engagement et éventuellement de l'anthropologie : don, réseaux, liens, ressorts et logique de l'engagement (émotionnel, affectif...). Pour tout ceci, confiance a été faite aux acteurs pour dire le sens qu'ils y donnaient.

Enfin une précaution préalable : cet écrit risque peut-être de décevoir les militants engagés qui attendent une réflexion sur ce qui est bien, le plus utile, le plus pertinent, donc un jugement de valeur de l'action. Il existe ailleurs des écrits « normatifs » sur ce que devrait être l'aide au développement, sur les « bonnes pratiques ». Ce n'était pas le but ici.

Le terrain, le cadre, la méthode

Donner de la visibilité à ceux qui n'ont pas accès à l'espace médiatique, c'est d'abord donner la parole à ces acteurs. Ce n'est pas toujours simple. Et ils ne font pas partie de « l'aristocratie du risque » selon l'expression de B. Kouchner[6]. Leur ambition est plus modeste.

Délimiter l'espace à étudier était évidemment la première tâche. Comment tracer les frontières de cet ensemble que l'on va appeler dans un premier temps « les petites associations » ?

---

5 Étude pour AFD : http://www.afd.fr/webdav/shared/PORTAILS/PUBLICATIONS/ONG/PDF/AFD-Rapport-SMA.pdf

6 Citation dans l'article de Johanna Siméant *Revue Française de Sciences Politiques* n° 51 p. 56

Évidemment, il n'y a pas un clivage net avec, d'un côté, les petites et, de l'autre côté, les grosses, mais toute une gradation. Le choix a été fait de se centrer sur des associations qui fonctionnent uniquement sur du bénévolat ou exceptionnellement avec un salarié qui est le plus souvent sous statut CUI ou VSI. Donc pas de salarié en France, mais il peut y avoir contribution au salaire du partenaire (malgache dans le cadre de cette enquête). On verra que, même en restreignant le « panel », nous sommes dans un ensemble très divers.
Je suis cependant parti de l'intuition (croyance ?) que cette « catégorie » pouvait décrire une réalité. Il faut sans doute accepter que des catégories puissent être poreuses, des typologies contestables et se garder de la tentation de vouloir homogénéiser à tout prix... et bien sûr prendre le risque de pouvoir être contesté.

Parce qu'il fallait bien se limiter et pour des raisons de facilité de contact, le « terrain » choisi a été constitué des associations de solidarité avec Madagascar, présentes en Loire-Atlantique. Le choix de Madagascar était uniquement dû au fait que j'avais au départ un certain nombre de contacts pour ce pays. D'autres pays auraient pu être supports de cette étude.

L'enquête a démarré, fin 2014, par des entretiens avec une quinzaine d'associations pour ouvrir des questionnements, faire un premier « débroussaillage ». Elles sont présentées plus longuement dans la première partie. Le choix de la présentation d'un nombre relativement important d'associations a été fait, vu la diversité des pratiques qui était connue. Une monographie ou la présentation de trois ou quatre aurait été certainement plus simple, plus facile à lire, mais aurait produit autre chose.
Un regret : il n'est pas fait d'étude là-bas, à Madagascar. Tous les acteurs rencontrés ont une connaissance ponctuelle des réalités malgaches et ont analysé leurs pratiques, leurs échanges. Mais un travail d'enquête sociologique à Madagascar serait très difficile et nécessiterait un temps de présence long et des méthodes différentes de celles utilisées en France, compte tenu

de la réserve bien connue des Malgaches quand ils se trouvent face à un « vazaha »[7].

J'ai utilisé l'expression « associations en lien avec Madagascar » dans une étude sur un type d'associations de solidarité internationale. Est-ce qu'assimiler lien et solidarité n'est pas abusif ? J'essaierai d'y répondre notamment dans le chapitre 16. Il faut cependant préciser que, dès le départ, j'ai exclu du terrain d'enquête les associations déclarées sur le site du JO qui présentaient un objectif uniquement commercial ainsi que les Églises malgaches en France.

Un cadre départemental ?
Les informations recueillies montrent que le cadre géographique de l'organisation « ici » est fluctuant. Des associations ont un cadre de recrutement local : une commune et ses alentours. Beaucoup sont éclatées géographiquement car bâties sur le réseau relationnel des initiateurs et/ou responsables successifs, donc impactées par le développement de la mobilité géographique des individus. On trouve des associations avec la très grande majorité des adhérents sur deux communes, d'autres de bassin un peu plus large, par exemple le Pays de Retz. Certaines sont sur deux départements limitrophes (Loire-Atlantique et Vendée ou Loire-Atlantique et Ille-et-Vilaine ou Loire-Atlantique et Morbihan) ou encore trois zones avec dans chacune des parents ayant adopté dans le même centre à Madagascar (Loire-Atlantique, Lot, Paris). Des associations ont des ramifications internationales, par exemple liées à un parcours professionnel.

Bien sûr, toute généralisation est dangereuse. Un coin de l'ouest de la France, avec sa tradition catholique, est une région particulière ; Madagascar est un pays avec lequel il existe peut-

7 Le terme « vazaha » à Madagascar désigne un « blanc ». Nous reviendrons sur la communication avec des Malgaches par exemple dans le chapitre 16 mais on peut affirmer ici que les enquêtés seraient sur une très grande réserve.

être (sans doute ?) un lien privilégié. Encore une fois, il s'agit d'une « contribution ». Ce texte est, si possible, une étape.
Il y a eu d'abord des entretiens, puis un questionnaire adressé à tout un fichier puis d'autres entretiens et des échanges avec notamment les militants des associations du collectif Madagascar 44, mais pas seulement. Je suis conscient des limites de l'échantillon enquêté, donc attention aux généralisations. J'espère que ce texte permettra d'autres discussions, d'autres débats.

Posture

Se lancer dans un travail de recherche suppose que l'on a, pour l'objet étudié, de l'intérêt, quelques connaissances et souvent une certaine forme d'empathie.
Ce qui suit est marqué par le refus de deux postures :
Refus de porter un jugement de valeur sur les actions des uns ou des autres. Ces pratiques d'évaluation et donc de jugement peuvent se comprendre pour des collectivités territoriales à qui on demande de financer ou pour des citoyens qui réagissent face à des scandales (Arche de Zoé) ou pour des militants qui veulent promouvoir ce qui leur semble les bonnes pratiques. Ce n'est pas l'objet de cette enquête.
Refus de la position de surplomb du chercheur plus « lucide » que les acteurs, supposés naïfs, auxquels il révèle les ressorts de leur action. Les explications données par les acteurs ne sont pas fausses ou malhonnêtes ou naïves. Elles peuvent être partielles, elles s'inscrivent dans un cadre de pensée. La catégorisation du « savant » (sociologue ou autre) est seulement un autre point de vue mais pas nécessairement la clé de compréhension des ressorts cachés. Il n'y a pas une description/explication vraie, pertinente et une autre qui est illusion. Il y a des points de vue différents. Celui du « savant » n'est pas nécessairement supérieur à celui de l'acteur. Ce travail a été fait avec du « déclaratif ». Sans être dupe du fait qu'un entretien est la reconstruction d'une histoire, d'un parcours, il est possible de prendre au sérieux ce qui est dit. Faire des rapprochements, des confrontations peut donner une vision de la réalité.

Organisation du texte

Ce qui suit est organisé en deux grandes parties.

La première est la description détaillée d'une douzaine d'associations et succincte d'une vingtaine, actives en Loire-Atlantique. La diversité d'ancienneté et d'explication d'origine ainsi que de modalités d'action a été recherchée. Cette partie raconte des histoires de relations, d'actions collectives.

Dans la deuxième partie est présenté tout d'abord un cadrage général (rappel historique, interrogation sur les mots, essai de description d'un espace de la solidarité internationale, estimation du nombre et des moyens de ces organisations). Puis j'ai essayé de caractériser ces organisations en pointant des différences avec celles qui sont plus connues. Je n'évacue pas les problèmes que peut poser cette étude (la spécificité de Madagascar, par exemple). Elle n'est pas une fin ; elle participe à une interrogation qui ne s'achèvera évidemment pas sur les concepts en jeu (par exemple celui de solidarité).

Un type d'écrit et après ?

Ce texte a été rédigé avec le souci d'en faire non un ouvrage savant mais quelque chose qui puisse être lu, et donc discuté, par les acteurs concernés. Un écrit qui, comme les autres, ne décrit qu'une parcelle de la réalité, un écrit qui s'inscrit dans une temporalité. L'intérêt est qu'il puisse être discuté, ce qui implique un souci de lisibilité, même sur des questions un peu théoriques.

Vu l'état de la recherche (proche de zéro, semble-t-il), il ne pouvait être qu'un travail exploratoire de ces questions. Il n'apporte donc pas de réponse définitive (dont il faudrait d'ailleurs se méfier). Une première version a été diffusée auprès des associations enquêtées et de chercheurs en mai 2017. Des éléments en ont été présentés au Festival des solidarités à Nantes et lors d'un colloque à l'Université de Bordeaux à l'automne 2017.

C'est donc une contribution à une réflexion collective de tous ceux qui seraient intéressés pour croiser leurs regards sur ces questions, qu'ils soient acteurs (bénévoles ou salariés, des associations ou des institutions publiques), chercheurs, politiques, etc.

Sur la méconnaissance ou le manque de considération des petites ASI en France[8]

Qui exprime cette méconnaissance ? De quoi est-ce le signe ? Cette lacune peut aussi être un sujet de réflexion. Rappelons la phrase de Bernard Kouchner citée en introduction : « Il est fini le temps du bricolage humanitaire, de la main à la main, d'homme à homme. Les organisations de charité qui demeurent en vie sont gérées comme des entreprises. » B. Kouchner est un acteur engagé, pas un sociologue ou un politiste. Mais dans n'importe quelle bibliographie sur ces questions de l'humanitaire ou de la solidarité internationale figure comme référence l'ouvrage publié en 2002 sous la direction de Annie Collovald *L'humanitaire ou le management des dévouements* qui étudie ce qui est qualifié de « militantisme expert » et qui, dès l'introduction, présente ce type d'associations comme « le gros de la troupe des OSI ». Cet ouvrage, qui présente des éléments d'analyse tout à fait pertinents est aussi, sans doute, à visée polémique et son terrain d'enquête n'est certainement pas choisi au hasard, mais de là à le présenter comme le cas général...

Philippe Ryfman pointe bien le problème : « (...) les micro ou mini structures - assimilables aux Initiatives populaires de solidarité internationale (IPSI) existant en Belgique ou aux Pays-Bas - le sont à peine (visibles). Pourtant elles s'avèrent nombreuses et particulièrement actives[9]. » Mais ensuite, sur les 40 000 associations que Viviane Tchernonog recense dans la catégorie « humanitaire, développement, plaidoyer », il en retient 400 « réellement actives » et il modère même ce chiffre : « et encore avec beaucoup de réserves quant à celles disposant d'un niveau minimal de moyens. » Il en conclut que « 99% de petites ou micro ONG établies dans les diverses régions françaises échappent au dénombrement et le champ exact de leur activité est mal connu ». P. Ryfman reconnaît le problème mais emploie cependant une expression qui interroge : « les

8 En Belgique, par contre, des études intéressantes ont été menées notamment par Gautier Pirotte et Julie Godin

9 Ryfman Philippe « les ONG françaises de développement et humanitaires : une autre " exception française " en Europe » in *Monde en développement* 161 (2013-1)

ONG internationales (celles que l'on peut qualifier de significatives en taille, ressources financières et humaines) ». Et les autres : un monde anecdotique ? Il donne un élément d'explicitation, à propos des agents de l'Agence Française de Développement « la culture - à la fois bancaire et développementaliste - des agents ne leur facilite guère en outre, l'appréhension de petites structures dont l'existence et leur fonctionnement leur demeurent largement étrangers », « les actions des IPSI (...) paraissent à ses personnels plutôt exotiques » et « le volet IPSI constitue une sorte de continent aveugle ».

J'ai donc essayé de contribuer modestement au souhait qu'il exprime en conclusion et où il invite des chercheurs à « scruter de beaucoup plus près ce monde méconnu afin de mieux faire apparaître ses axes principaux et sa sociologie ».

Une des explications du peu d'études sur ces associations est peut-être aussi dans le fait qu'elles écrivent peu sur elles-mêmes, qu'il n'y a pas une pensée de leur action traduite dans des textes à la différence des plus grosses qui ont de copieux rapports d'activité et d'orientation, donc des écrits disponibles. Il n'y a pas de réflexion sur l'identité, pas la même réflexivité.

B. Kouchner parle de son monde. A. Collovald utilise un terrain d'enquête bien spécifique qui permet de justifier des positions dans les querelles d'écoles sociologiques. Les politiques souhaitent avoir un nombre d'interlocuteurs limités et une visibilité de leur action. L'expression de RITIMO, collectif d'associations qui, dans son *Guide des acteurs de la solidarité internationale,* consultable maintenant en ligne, indique 58 associations en lien avec Madagascar (pour la France entière) est significative d'un manque... même s'il est précisé en introduction que ce répertoire « ne prétend pas à l'exhaustivité ».

On peut peut-être aussi supposer que cette ignorance des petites associations ou le peu d'intérêt qui leur est porté vient d'une sorte de suspicion *a priori* de bricolage sympathique inspiré de charité bien-pensante. Mais il n'y a pas que le bricolage et l'activité des multinationales. Il existe aussi un artisanat.

PREMIÈRE PARTIE

1- Un panorama des associations

Nous avons pu constater que plus de 100 associations de solidarité en lien avec Madagascar avaient été créées depuis une trentaine d'années en Loire-Atlantique. D'après les informations recueillies, entre 55 et 60 sont en activité. Nous avons des informations précises sur une trentaine.

Pour les présenter, nous avons essayé de les regrouper, ce qui est une opération toujours un peu arbitraire. Nous avions, au départ de cette enquête, deux « hypothèses/questionnements » : le rôle des structures religieuses, le lien avec des congrégations ou des missionnaires originaires de la région d'une part et les associations créées par des membres de la diaspora, d'autre part. Pour vérifier ces hypothèses, il fallait donc délimiter ces deux premiers groupes.

Ensuite, il s'est avéré que des associations initialement repérées comme « petites associations locales » étaient insérées dans des réseaux dépassant largement ce cadre local ; il nous a semblé intéressant de les regrouper.

Pour caractériser les autres associations, nous avons choisi le critère « objet de l'association ». D'autres auraient certainement pu être utilisés. Certaines associations se retrouvent évidemment dans deux catégories. D'ailleurs, pour un certain nombre, leurs évolutions dans le temps font qu'elles se transforment en « multi-objets ».

Dans le tableau ci-dessous, la deuxième colonne correspond aux associations présentées de façon un peu plus détaillée, la troisième aux associations présentées plus succinctement. La ville siège est indiquée si elle est autre que Nantes.

Soutien à la scolarisation par des institutions religieuses déjà sur place	Rouans Amitié Madagascar, Les Moutiers en Retz ASEM, La Grigonnais, Enfance Action Madagascar, Zaza Malagasy	Les Amis de Madagascar, Prinquiau Enfants de Tsiro, Treillières La lune à l'envers, Pornic St Gabriel Solidarité Vahiny, Guérande*
Origine diaspora	Lémurien, Rezé Ankadibe, St Aignan de Grandlieu	Nosy Mitarika, Vahiny, Guérande Métis malagasy, Basse Goulaine Manao soa
Culture comme vecteur de solidarité	Hetsika	Bokiko, Mauves s/Loire
Réponse à une sollicitation au travers du commerce équitable ; élargissement de économie traditionnelle	Zanaka, Carquefou Solidev, St Herblain	
Soutien à des initiatives locales existantes ou à la vie civile locale dont parrainages	Les Amis d'Handri Lémurien, Rezé*	Aidedufa

Apport de compétences (et de moyens), solidarité experte	Rouge Beauté, St Herblain Diégo Développement	Pharmacie Humanitaire Internationale Atlantique* AGIR abcd*
Création d'infrastructures pour toute la population	A Better Life For Children, Pornic	
Dans réseaux (souvent apport de compétences)		Pharmacie Humanitaire Internationale Atlantique AGIR abcd Bokiko* Pompiers solidaires, Ancenis Solidarité Madagascar 44 ASAM-LO
associations entreprises de tourisme		Tamadi
Associations nationales dont le siège est en Loire-Atlantique		AFAENAM Ar Mada Appel détresse

* présentée dans un autre chapitre

Quelles associations retenir ?

Nous avons exclu du champ de l'enquête certaines associations qui apparaissent sur le site du JO avec le siège en Loire-Atlantique quand on fait la requête à partir du mot Madagascar car il semble difficile de les considérer comme associations de solidarité internationale. C'est le cas des Églises de Madagascar en France ou de structures qui apparaissent comme uniquement

liées à une activité de loisir, par exemple Vamos racing dont l'objet est : « faire la promotion des sports mécaniques à Madagascar », ou d'entreprises commerciales quand cette seule dimension apparaissait dans les phrases de présentation. Nous avons par contre retenu les « associations - entreprises » du tourisme dit solidaire qui sont dans le cadre de l'ESS (l'Économie Sociale et Solidaire). Elles ont un ou plusieurs salariés.
Nous avons retenu des associations qui sont dans des réseaux nationaux (cf. chapitre 9). On est à la marge du sujet de l'enquête mais il n'existe pas de frontière indiscutable.

Quelques remarques à propos de la répartition

Un certain nombre d'associations peuvent être qualifiées, au regard du critère « objet », de structures « hybrides ». Les regroupements sont toujours un peu arbitraires car une association n'est pas, en général, définie par une seule caractéristique. Rouge Beauté, par exemple, forme, donc est dans l'apport de compétences mais elle agit aussi dans le domaine de la production culturelle.

Sur les relations entre ces associations

Nous évoquerons pour certaines associations leurs liens avec les autres. Il ne s'agit pas nécessairement de quelque chose de formel. Deux associations sont connues de beaucoup et jouent un rôle pivot ou relationnel fort : Hetsika et Solidev.

Les disparitions

Il faut évidemment distinguer la fin d'un projet précis et l'arrêt ou la reconversion d'une l'association.

Des associations nous ont été signalées dans les réponses au questionnaire comme « en sommeil »... parfois le sommeil semble profond. Nous considérons que ces associations n'existent plus.
Il n'est pas obligatoire de déclarer en préfecture la dissolution d'une association. Nous avons eu connaissance, grâce au site du JO ou par des informations qui nous étaient transmises, de 12

dissolutions. Mais nous n'avons aucune information sur 24 associations. Il est cependant possible que, parmi celles-ci, certaines aient une activité d'abord dirigée vers le groupe en France (de type « amicale ») sans action publique à Madagascar et sans visibilité extérieure.

Concernant les arrêts d'activités, on peut supposer parfois quelques problèmes ici (relationnels, divergences...) ou dans la relation entre ici et là-bas ou l'épuisement des participants.
Parmi les dissolutions, il faut signaler tout d'abord le cas de quatre associations créées à l'IUT de Saint-Nazaire et qui n'ont existé qu'un an. Il s'agissait d'un projet dans le cadre de la deuxième année de Techniques de commercialisation.

Il peut aussi y avoir une explication par des conditions objectives, par exemple Tsara be, un groupe de jeunes qui se disperse. Tsara be était une association de jeunes dont les parents ou les professeurs étaient membres de l'Association Madagascar Entraide qui a son siège à Carquefou. AME faisait du parrainage d'enfants et, une fois par an, organisait un voyage pour apporter du matériel scolaire, faire de la formation, monter des projets. En 2005, huit jeunes filles de 18 ans et quatre adultes participent à ce voyage. Elles le renouvelleront en 2006 et 2007. Ces jeunes filles créent alors Tsara be, association dont le bureau est exclusivement constitué de jeunes, bien que des « moins jeunes » puissent faire partie de l'association. Tsara be poursuit deux objectifs : les relations interculturelles entre jeunes Français et jeunes Malgaches et l'aide à la poursuite d'études. Ils accompagnent ainsi un jeune en master de tourisme et financent un bateau pour un autre. Après 2007, les voyages se font sans la participation des plus anciens. Tsara be s'« émancipe » de AME. Trois de ses membres les plus actifs font des études liées à la solidarité internationale : l'une fait une licence en ingénierie de projet solidaire ; elle passe un an en Palestine et prépare un doctorat de sociolinguistique. Une autre devient journaliste RFO à Haïti... la dispersion géographique rend impossible la poursuite de l'association qui sera dissoute en 2015.

Par ailleurs, il est des projets qui, dès l'origine, peuvent être limités dans le temps et avoir atteint leur but comme ce fut le cas pour Heritoky. La fin du projet peut alors signifier la fin de l'association.

Nous présentons, dans les chapitres 7 et 8, deux associations, Diégo développement 44 et A better Life For Children. En 2017, la première a cessé son activité à Madagascar mais la poursuit dans d'autres pays. La seconde avait décidé de l'arrêter dans ce pays mais est revenue en 2018 sur cette décision. Il ne s'agit pas de disparitions mais d'évolutions. Les contextes sont différents : dans le premier cas, la structure de micro-crédit malgache prend son autonomie après un soutien d'une quinzaine d'années, ce qui est une réussite. Dans le second cas, il s'agit de la prise en compte de nombreuses difficultés avec les partenaires et surtout l'administration malgache et d'une lassitude conduisant à privilégier un autre pays où les relations sont plus faciles. Une similitude cependant : ces deux associations peuvent être considérées comme « expertes » et reposant sur le très fort investissement personnel d'un retraité « recyclant » des compétences et relations professionnelles. Les déplacements des autres membres de l'association étaient très rares, d'où l'absence de relations fortes de groupe à groupe. L'usage d'un ensemble plus ou moins étendu de dimensions de professionnalisation est vraisemblablement un facteur de différenciation de la relation construite et de sa continuité.

Sur la présentation des associations dans les chapitres suivants

Dans cette première partie, une douzaine d'associations sont présentées assez longuement et une vingtaine plus succinctement. Une description très détaillée de toutes aurait rendu la lecture fastidieuse. Dans chaque chapitre, l'ordre de présentation correspond en général à l'ancienneté.

2- Pour l'éducation
En soutien à des structures religieuses

Les plus anciennes associations créées le sont en lien avec les congrégations religieuses. Celles-ci ont joué et jouent toujours un rôle très important à Madagascar. Elles assurent toujours, en grande partie, ce que nous désignons ici sous le terme de missions de service public. Il faut aussi lier cet élément au fait qu'en France et notamment dans l'Ouest, les structures religieuses ont contribué à l'éducation et à la socialisation de beaucoup de militants d'associations, de syndicats ou de partis. Et ceci n'est pas contradictoire avec le fait que nous vivions dans un pays où la laïcité[10] est considérée comme une valeur fondamentale de notre « vivre ensemble ».

Les Amis de Madagascar (Prinquiau) (AdM)

La plus ancienne association connue dans le département

AdM existe officiellement depuis 1983 mais organise des actions depuis 1978. Au départ, il s'agissait de soutenir l'action d'un oncle missionnaire. Jean Jagu vit à Madagascar depuis plus de 50 ans, il y est parti en 1964, à 28 ans : « Jean a participé toute sa vie au développement du pays. Il a construit deux séminaires et grâce aux sponsors et à l'association Les Amis de Madagascar, il a créé des sanitaires dans un collège, a fait reconstruire l'école primaire qui a été détruite suite à un cyclone en 2009, a fait bâtir un puits... »
À l'origine, « une équipe est partie à Madagascar... et depuis nous avons fait plus de 40 containers de toutes choses ». L'association a une forte dimension familiale : le président et le chirurgien-dentiste qui est à l'origine des missions sont des cousins du missionnaire.

---

10 Concept de laïcité tout à fait étranger à la culture malgache, voir ch. 16-5

Le soutien est dans deux domaines : la scolarisation des enfants et la santé. Ils assurent le salaire des enseignants et ont participé à la construction d'écoles.
Des personnels de santé vont une fois par an pour une quinzaine de jours dans des dispensaires. Ils y travaillent en collaboration avec leurs amis médecins, dentistes, infirmiers, instituteurs malgaches en relation avec les chefs de village. La mission 2015 était composée de trois infirmières, un dentiste, un médecin généraliste, un pédiatre en retraite et un étudiant. Ils ont pu consulter plusieurs centaines de malades, apporter un début d'hygiène publique par l'apport de toilettes sèches et contribuer à l'éducation à l'hygiène. L'association a contribué à réhabiliter un dispensaire de brousse situé entre Vatomandry et Tamatave le long du canal de Pangalanes.

L'association est de taille modeste avec une vingtaine de membres mais ses activités ici sont très diverses, de l'organisation de bal de mariage au ramassage de châtaignes (280 kg en 2014) en passant par des conférences avec le Rotary de Chartres (région du dentiste) et le loto à Prinquiau, chaque dernier samedi de novembre depuis 1978.
Une évolution intéressante : à l'origine, le soutien à un parent missionnaire dans le domaine de l'éducation puis le soutien à un village et ensuite, de par le métier d'un membre de la famille en France, une forte implication dans le domaine de la santé avec des missions annuelles.

Rouans Amitié Madagascar (RAM)

http://pagesperso-orange.fr/rouans-amitie-mada

Le voyage d'un neveu, un démarrage dans une grosse association (en 1983) puis la prise d'autonomie

Un voyage qui déclenche

En 1982, le neveu de Manou gagne un concours dont le prix est un voyage à Madagascar. Il y va avec ses parents qui, en revenant, racontent la misère de ce pays. En France, ce sont les fêtes de fin d'année : « On dépense sans compter ». Télescopage de la réalité d'ici et de celle, racontée, de là-bas. Il faut faire quelque chose pour ces gens ! Manou en parle à une amie qui est à LACIM (Les Amis d'un Coin de l'Inde et du Monde), une association internationale : « On y entre pour se mettre le pied à l'étrier. » LACIM propose des parrainages de villages et on leur attribue celui d'Ambatomanjaka. Donc, en 1983, au départ, ils envoient de l'argent tous les mois pour une léproserie puis, devant le pourcentage d'enfants non scolarisés, font le choix de se centrer sur l'aide à la scolarisation. Le groupe LACIM Rouans a son propre CA. Après le premier voyage en 1998 de quatre personnes du groupe de Rouans (donc 15 ans après le démarrage du soutien), il est décidé de devenir autonome : « l'argent que nous devons verser à la direction de LACIM, pour le fonctionnement serait mieux à Madagascar. » L'association RAM est officiellement créée en 1999.

A Madagascar, 4 sites

Ambatomanjaka

RAM soutient donc depuis 1983 une école, tenue par les Sœurs de Jeanne Delanoue, par un parrainage collectif (prise en charge des frais d'écolage et du repas de midi pour une soixantaine d'enfants).

L'association apporte aussi une aide financière pour la construction du collège en 1999, celle de la cantine en 2015, les réparations des dégâts, à plusieurs reprises, sur les bâtiments scolaires suite aux passages des cyclones. Des travaux de peinture sont réalisés ensemble par des membres de RAM et des Malgaches, etc. Elle participe au réapprovisionnement du dispensaire en médicaments chaque mois. Environ 500 patients viennent à pied, souvent de très loin, en consultation.

Nanisana

Ce village, au nord de Tana[11], a été visité par Manou lors de son premier voyage, et l'association RAM, depuis 1998, soutient

11 Nous utiliserons fréquemment, dans ce texte, l'expression « Tana » pour désigner la capitale, comme tous les Malgaches ou tous ceux qui sont allés dans cette ville... Personne ne dit « Antananarivo ».

cette école créée par deux ex-religieux, qui ont « quitté l'habit et se sont mariés ». Au départ, RAM achetait de l'artisanat malgache qu'elle essayait de revendre en France, ce qui s'est avéré difficile. Ils ont fait le choix de passer aux parrainages individuels (16 euros par mois), parrainages qui sont gérés par l'association ABP, *Association Bénie du Peuple* « assimilable à une association de parents d'élèves ».
RAM a d'abord construit un kiosque qui a servi d'école mais s'est vite avéré trop petit, du fait de la progression du nombre de parrainages, d'où la construction de trois autres écoles financées à 80 % par RAM. Certains membres ont aussi participé aux travaux. Actuellement, il y a 445 enfants en primaire et collège dont 156 sont pris en charge par des parrainages individuels.
Après les dernières inondations en 2014, les élèves arrivaient à l'école le ventre vide et tombaient en crise d'hypoglycémie. Avec le concours de l'association Appel détresse, RAM offre un petit déjeuner à tous les élèves.

Ambohijanaka Tantely
En 2009, à l'occasion d'un voyage, Manou va voir une petite fille parrainée par quelqu'un de sa famille. Elle rencontre une professeure en retraite qui vient de monter une école avec bien des difficultés financières. Elles sympathisent : « on a laissé quelques dons sans qu'elle ne demande jamais rien. Finalement, deux ans après, nous avons aidé à construire l'agrandissement de l'école, puis construit les classes de seconde et de première, et cette année nous avons réalisé un barrage hydraulique pour éviter l'inondation des classes à la saison des pluies. »

Seranantsara
Trois heures de pirogue à moteur sont nécessaires pour rejoindre ce village vers Brickaville. Un ami de Loire-Atlantique marié à une femme malgache souhaite que son village soit aidé suite au passage d'un cyclone qui vient de tout détruire. Il ne reste que l'église, construite en dur pendant la colonisation.
RAM veut bien contribuer à la reconstruction mais exige la création d'une association partenaire. Le but n'est pas seulement d'avoir une relation avec des individus, et ils

souhaitent avoir la certitude de la pérennité de l'école. Au bout de deux ans, ils recevront les statuts... en malgache. Retour à l'expéditeur et de nouveau, l'attente. Après un certain temps, RAM a donc financé en grande partie les travaux de l'école, en dur pour assurer la solidité. L'inauguration a été faite en octobre 2016 en présence de cinq membres de RAM.

Les actions en France

Les adhérents sont en grande majorité dans un rayon de 15/20 kilomètres autour de Rouans, mais il y a aussi des adhérents amis dans d'autres régions de France. Les parrainages apportent une recette importante à l'association qui est reversée aussitôt et intégralement à l'association ADP à Nanisana pour les filleuls. Pour le financement des constructions, RAM organise des rencontres chorales, des soirées Gospel, des spectacles culturels, des ventes d'art malgache et un week-end tous les ans (le dernier de novembre) avec expo-vente et « dîner exotique animé ».

Les voyages comme moyens de sensibilisation

Des membres de RAM font le déplacement tous les deux ans afin de vérifier le fonctionnement des écoles. Le séjour est divisé en trois temps :

- la rencontre avec les filleuls et les responsables des structures partenaires
- la participation aux travaux
- une partie tourisme « pour le plaisir, et parce qu'on ne peut pas côtoyer la misère pendant six semaines sans séquelles, ce qui permet aussi de connaître ce beau pays et de vivre avec les différentes ethnies, toutes plus accueillantes les unes que les autres ».

Pour les parties liées à la vie de l'association, il peut y avoir des difficultés quand le groupe est trop nombreux : « on ne peut pas aller à dix dans ces villages en pleine brousse où l'hébergement pose un problème. Nous insistons pour payer notre pension, mais l'espace manque le plus souvent. » Ces séjours, parfois difficiles, sont cependant toujours très positifs. Manou note le changement d'attitude, après un voyage, de certains membres

de l'association qui passent de la réserve ou de réticences à soutenir des actions à leur acceptation.
Chaque adhérent paie intégralement son voyage et son séjour, tous les frais d'hébergement et autres.

Une donnée nous semble particulièrement significative dans cette association : la très forte dimension affective. Une phrase entendue : « avec les responsables des deux premiers sites, c'est fusionnel ». Et une citation extraite d'un texte écrit pour les 25 ans de l'association : « depuis 83, mon cœur bat pour Madagascar et depuis 98 il réside là-bas presque 24 heures sur 24 ».

Association Solidarité Espoir Madagascar (ASEM),

http://www.lagrigonnais.fr/Amitie-Solidarite-Espoir-avec

« Soutenir le Père Malo ». Une association en milieu rural.

Origine

Dans les années 80, le Père Samuel Malo, originaire de La Grigonnais, est missionnaire à Madagascar dans la région de Tamatave. « Quand il revenait en vacances dans la région, il faisait le tour des villages et présentait ce qu'il faisait. Il avait là-bas une exploitation agricole et faisait de la formation de moniteurs mais il avait aussi un dispensaire à Antsiramandroso avec les Sœurs de la Sagesse ». Ce dispensaire, situé à plus de 40 km de Tamatave, en pleine brousse, permettait de recevoir ou de se déplacer auprès des personnes dans les villages les plus éloignés.
Des voisins de La Grigonnais et Puceul se proposent de l'aider. On le connaît bien : « Les gens le soutenaient, c'était pour le Père Malo ». En 1986, le cyclone Honorine ravage la région. À sa demande, ses amis envoient, par bateau, de la poudre de lait et du tulle pour des moustiquaires. C'est alors que le groupe se constitue en association le 25 janvier 1986, car c'était la condition pour bénéficier d'une réduction dans un commerce de Nantes pour l'achat du tulle. Plusieurs envois ont été faits par la suite avec l'association Les Amis de Madagascar de Prinquiau.

Quatre membres de l'ASEM sont allés sur place en 1992, selon le souhait du Père Malo afin de mieux appréhender l'environnement et le travail effectué.

À Madagascar

L'assassinat du Père Malo en 1994.

Un soir, le Père Malo est sollicité par un groupe de Malgaches pour transporter en ambulance un blessé. Il hésite pour intervenir, il faisait nuit. Il se décide cependant à faire le déplacement, en ayant au préalable dit à son adjoint au centre : « s'il y a quelque chose je te ferai signe avec ma lampe. » À 150 mètres de la maison, il s'aperçoit que la demande d'assistance n'est pas claire, une discussion s'engage et un individu lui plante un coup de couteau dans le dos. Le Père Samuel Malo décède sur place. Le mobile de l'acte : une tentative de diversion pour cambrioler la maison. Aussitôt, à La Grigonnais, le groupe se réunit et décide à l'unanimité de continuer le soutien malgré les difficultés.

Le centre agricole, créé en 1963, qui avait été repris par des Malgaches, n'existe plus. Le dispensaire est devenu clinique de brousse. ASEM soutient maintenant une école-collège de 700 à 800 élèves, créée par un ancien fonctionnaire malgache et tenue par des Frères de St Gabriel, à Antsobolo près de Tana. Dans cette école à Madagascar, sous la responsabilité de religieux, seulement les deux tiers des élèves sont catholiques.

ASEM a fait quelques envois de denrées et de matériel, mais maintenant l'association se limite à des envois de fonds sur des projets choisis par les acteurs présents à Madagascar : aménagement de locaux pour l'école et le dispensaire, partie du salaire des enseignants, repas des élèves. « On leur fait entièrement confiance, on n'a jamais refusé ».

En France

L'association compte sur une vingtaine de membres actifs qui constituent le CA. Ils sont de La Grigonnais et Puceul, surtout du milieu agricole. Beaucoup ont autour de 70 ans, « ceux qui ont connu le Père Malo ». Il y a bien quelques nouveaux dont une nouvelle présidente ; mais la question de la pérennité de l'association est posée.

Les actions ici : une grosse action a été organisée il y a une vingtaine d'années : la fête de la basse-cour avec quatre autres associations de La Grigonnais et Puceul (dont le foot, la paroisse...). La préparation a nécessité 2 années. Groupama et Terrena (assurance et grosse coopérative agricoles) l'ont sponsorisée. Un succès : 15 000 personnes étaient présentes. Le bénéfice de 150 000 francs (entièrement pour ASEM) a permis la construction d'un village.
Les actions sont plus modestes maintenant. Tous les ans, au mois d'octobre, ils organisent un « repas solidaire ». Ces actions se font très souvent avec d'autres acteurs du tissu associatif local : animations avec des chorales, participation au Téléthon, expositions d'art africain avec les Montfortains de Pontchateau. Tous les ans, une action est organisée avec le collège Saint Joseph de Nozay (4 à 5 000 euros par an).

Les responsables d'ASEM tiennent à préserver ce type d'association et de soutien : « on sait que ce que l'on fait, ça arrive au bout », « on a la certitude que ce que l'on fait ça sert. » Ils ont pour cela fait le choix d'un apport à des entités structurées (association, école) plutôt qu'à des individus. « Il faut avoir des groupes référents. » Ils insistent aussi sur l'intérêt des visites pour découvrir une autre culture.

30 ans

En 2016, ASEM a officiellement 30 ans d'existence, un peu plus de fait. Plus de 50 personnes étaient rassemblées dans une salle de La Grigonnais pour fêter l'événement en avril 2016. Ce fut l'occasion de se rappeler, avec des témoignages et des vidéos, le Père Malo, personnage devenu mythique, sans doute une forte personnalité, charismatique, mais qui avait gardé son ancrage dans son village natal. Son assassinat a ajouté une autre dimension, tragique, à son « œuvre ». 22 ans après sa mort, son

souvenir est toujours entretenu. Il continue à vivre pour ses amis. Rarement, dans une assemblée générale d'association, s'exprime une telle émotion.
Un mot quand même pour dire que, s'il y a eu le déclencheur charismatique, il ne faut pas minimiser le rôle de celui qui en a été le président et l'animateur pendant plus de 20 ans.

A l'origine donc, une communauté rurale, qui s'est motivée pour soutenir l'action d'un enfant du pays. Le groupe est resté localisé dans son territoire, même s'il a su s'ouvrir. Le problème présenté comme majeur est celui de la pérennité de l'association.

Enfance Actions Madagascar Zaza malagasy (EAM-ZM)

site www.eam-zazamalagasy.org

La poursuite d'une branche d'une grosse association nationale.
En 2018, l'association considère qu'elle a 18 ou 31 ans.

Histoire

Enfance et Partage est une association créée en 1977 à l'initiative de personnels navigants de Air France. Elle menait des actions pour lutter contre toutes les formes de maltraitance des enfants à la fois en France et à l'international dans environ 25 pays.
En 1987, un membre de cette association part à Madagascar et rencontre dans l'avion des journalistes de France Inter qui vont faire un reportage. Durant une semaine, sur les ondes de France Inter, une diffusion de la situation des enfants des rues de Tana a permis à Enfance et Partage de sensibiliser puis de confier une cinquantaine d'enfants aux Sœurs Ursulines en créant le Centre Marie-Angèle.
Enfance et Partage international était structuré par pays d'intervention et l'actuelle présidente d'EAM était alors responsable de la branche Madagascar.

En 1999, Enfance et Partage décide de centrer ses actions sur la France. La branche Loire-Atlantique de Madagascar Enfance et Partage décide alors de continuer son action indépendamment, ce qui aboutit à la création d'Enfance Actions Madagascar Zaza Malagasy en 2000. La Mairie de Nantes va leur permettre de présenter les actions menées depuis 12 ans, grâce à une exposition à l'espace Cosmopolis et un film de Frédéric Ayrault et Ivan Tual intitulé Zaza Malagasy. Depuis la création du Centre Marie-Angèle, elle a toujours soutenu les actions d'EAM à Madagascar.
Les actions menées s'inscrivent dans la durée, certaines depuis plus de 30 ans, avec les mêmes partenaires. EAM intervient dans cinq secteurs géographiques :

Tanjombato (au sud de Tana)
Avec les Filles de La Charité au centre social St Vincent de Paul de Tanjombato depuis 1987 (PMI, dispensaire, récupération nutritionnelle, scolarisation, dotation matériel, parrainage collectif). Ce centre est également soutenu par le PAM (Programme Alimentaire Mondial).

Namehana
Avec les Sœurs Ursulines pour le Centre Marie-Angèle à Namehana depuis 1987. Ce centre accueille des enfants victimes de maltraitance, abandonnés ou en difficultés. En 2016, 37 enfants vivent au pensionnat (réhabilitation physique et morale, reconstruction d'identité, rétablissement des liens familiaux, éducation, formation, réinsertion sociale). EAM participe aux frais de fonctionnement.
Pour l'école du village de Namehana (maternelle, primaire, collège) construite en 1991, EAM-ZM participe par un parrainage collectif.
Deux actions dans ce village sont terminées, à Iambola, avec la mairie pour le CEG et à Manarintsoa pour la création d'une activité d'élevage, génératrice de revenus.

Analaroa
À partir de 2000, le centre de Plein air d'Analaroa accueille des enfants handicapés. EAM apporte également son soutien à la

scolarisation dans les écoles publiques et privées. Il est intéressant de noter que le directeur de l'EPP (l'école publique) a pu bénéficier du financement d'EAM qu'il a connu par l'intermédiaire des Sœurs. EAM a également financé la création de jardins scolaires, d'une ferme et l'installation d'une adduction d'eau. Une aide est apportée au dispensaire.

Ambatomanoina
L'école primaire d'Ambatomanoina et les écoles de brousse bénéficient de l'aide d'EAM (dotation en matériel, terrain de sport, jardin, cantine...). Depuis 1999, l'association a également financé la construction d'un centre d'alphabétisation et d'un centre de documentation culturelle pour les écoles publiques et privées.

Toamasina
À Toamasina, EAM apporte son soutien à deux écoles et à un centre de loisirs éducatifs (bibliothèque, matériel informatique). Elle a financé la construction du bâtiment anticyclonique qui a fait preuve de sa solidité et qui accueille, chaque année, un camp de vacances des enfants malgaches. Elle a apporté une aide d'urgence pour le quartier de Morarano après l'incendie en 2015. Son action a également permis la création d'un atelier de zinguerie.

Dans tous les établissements scolaires, Enfance Actions Madagascar Zaza Malagasy soutient les enfants des familles les plus démunies en participant aux frais de cantine et d'écolage. Elle fournit des kits scolaires aux élèves et du matériel aux enseignants. Au démarrage de certaines écoles de brousse, Enfance Actions Madagascar - Zaza Malagasy a rétribué les enseignants. Avec le temps, ces enseignants sont devenus des maîtres « FRAM » payés en partie par l'État et les familles : « si les enseignants sont payés par les parents, ils sont obligés d'être présents. » EAM continue à assurer les frais de fonctionnement.
En 2015/16, plus de 4800 enfants bénéficient de structures soutenues par EAM dont 120 en pensionnat. 1450 ont un repas journalier à la cantine (et 100 enfants supplémentaires depuis la rentrée 2016).

EAM ne fait que du parrainage collectif. Dans les écoles qu'elle soutient, les parents paient en fonction de leurs revenus ; des aides ponctuelles sont possibles en fonction de difficultés que peuvent connaître les familles. Par exemple, dans une école de 600 élèves, EAM paie la cantine de 120 d'entre eux.
EAM a participé à la création de jardins scolaires à but pédagogique qui alimentent en partie les cantines, partout où la situation géographique le permet, ainsi qu'à la rénovation et l'équipement de sanitaires.
Par le passé, EAM a fait des containers avec la ville de Saint-Maur mais finalement elle fait peu d'envois de matériel d'ici, uniquement ce qui ne peut pas être trouvé à Madagascar.
Sur place, il y a des délégués malgaches de l'association mais les fonds sont gérés par les congrégations.

En France
EAM est une association laïque. Des adhérents et des donateurs de toute la France ont choisi, après la scission avec l'association nationale, de maintenir leur confiance au noyau actif (une vingtaine de personnes) qui est dans la région nantaise. En France, l'association récolte des fonds et fait des interventions dans des écoles pour sensibiliser sur la situation à Madagascar.
Lors des déplacements à Madagascar, chacun paie ses billets d'avion et ses frais.

Liens avec Madagascar
Les contacts sont réguliers par téléphone ou mail et le journal est rédigé en commun. Des membres de l'association vont régulièrement rendre visite à tous les sites et vérifient les comptes et les réalisations. Deux jeunes bénévoles ont pu passer trois mois sur les sites dans le cadre des échanges.
EAM sait faire preuve d'assez grandes exigences et a rompu, par exemple, avec un responsable local dont les comptes-rendus étaient irréguliers. Pour des travaux, elle fait revoir le projet d'un bâtiment conçu par un architecte malgache par une société française : « résultat, un bâtiment qui tient quand il y a des cyclones ».
La présidente en France reconnaît qu'il est sans doute plus facile pour elle d'imposer des normes de fonctionnement car

elle est Malgache : « L'usage de la langue est un facteur facilitant les échanges. »

Les partenariats

EAM a su nouer des partenariats nombreux, y compris à l'étranger, avec l'Italie, pays d'origine de la congrégation des Sœurs Ursulines ou l'Espagne par l'intermédiaire de la femme d'un adhérent d'origine catalane. Pour toutes les constructions, il y a eu une aide au financement de la ville de Nantes ou de l'ASCODE (ASsociation pour la COopération et le Développement des Élus municipaux de la Loire- Atlantique) et du Conseil Général 44. La Région a aussi beaucoup soutenu mais de nouvelles exigences, notamment celle de travailler avec des structures gouvernementales malgaches, ont été facteurs de blocage, compte tenu de la méfiance de l'association vis-à-vis de certains responsables politiques malgaches.
Certains lycées privés soutiennent ou ont soutenu : les lycées du Sacré Cœur et Blanche de Castille depuis 17 ans et plus ponctuellement le lycée La Perverie.

EAM est une association qui a une trentaine d'années d'activité. Ses réalisations, diverses, sont toujours en faveur des enfants (scolarisation, santé). Elle intervient sur une quinzaine de sites, des écoles existantes ou créées et des centres pour des accueils spécifiques : handicapés, orphelins, abandonnés. Il s'agit essentiellement de financement, notamment par les parrainages collectifs, parfois de soutien technique ponctuel. EAM insiste beaucoup sur la pérennisation des actions entreprises et recherche systématiquement l'implication des parents. En France un important réseau de partenaires a été mobilisé.

<u>Les enfants de Tsiro</u> (EDT)

<u>www.enfantsdetsiro.com</u>
Tsiroanomandidy, une ville à 200 km de Tana… loin de tout… pas touristique…

Origine
Une jeune fille cherche une association pour faire un séjour « humanitaire ». Elle rencontre à Nantes l'association Enfance Action Madagascar Zaza Malagasy qui travaille avec des Sœurs Ursulines. Sa mère, qui deviendra présidente de l'association, raconte : « une de mes filles, partie en humanitaire avait sympathisé avec une religieuse méritante, une Sœur Ursuline. Après plusieurs années passées à Tamatave, celle-ci avait été mutée dans un quartier bidonville de la ville de Tsiroanomandidy où tout était à faire et aucune association ne l'aidait. L'été suivant, avec une amie, nous sommes parties un mois pour aider cette religieuse. Et puis, nous avons voulu pérenniser ce soutien. »
L'association a été créée en octobre 2009.

L'action à Madagascar
L'action à Madagascar est centrée sur l'aide éducative dans un quartier bidonville de Tsiroanomandidy. En 2009, il s'est agi tout d'abord de scolariser gratuitement des enfants n'ayant jamais pu accéder à l'école, faute de moyens financiers. La petite école des Enfants de Tsiro, créée alors, est une structure non religieuse, gérée par une directrice, sous la responsabilité d'un laïc et des membres de l'association Tsiro-France.

L'association a envoyé des fonds pour la réalisation de travaux, tels que la construction d'une cuisine pour la cantine, de douches, de récupérateurs d'eaux pluviales, l'aménagement des classes, etc. Elle a également contribué à l'aménagement de jardins potagers, à la construction d'un lavoir.
En 2016, 60 familles sont aidées par un parrainage collectif. Désormais, les enfants ont rattrapé leur retard scolaire et certains suivent un cursus normal dans les écoles publiques de la ville. Une centaine d'élèves sont accueillis dans la petite école et peuvent profiter d'un soutien scolaire. Une cantine assure le repas journalier de tous les enfants soutenus par

l'association.
L'association Tsiro-France, assure les frais de fonctionnement, de cantine, les salaires des personnes employées et accompagne les missions de jeunes bénévoles.
Cette contribution à l'action éducative va au-delà des objectifs initiaux : « Grâce à la sensibilisation menée par l'équipe sur place, l'éducation ne s'adresse pas qu'aux enfants. Elle a permis de modifier les mentalités, responsabiliser les adultes. Les parents sont invités à participer et à être acteurs des actions en cours. L'acquisition d'un local commercial permet aux familles de vendre les créations artisanales, générant des sources financières. Nos collaborateurs sur place montrent une réelle volonté d'obtenir des résultats et de conduire petit à petit les familles vers l'autonomie. »

En France
Les activités ici sont nombreuses : cabaret, marchés, vide-greniers, repas, interventions régulières et contacts avec plusieurs écoles. L'association a de nombreux partenariats avec des entreprises de la région, mairies, banques. Elle collabore avec d'autres associations du département : PHI, Appel Détresse et d'autres hors région : Enfants du Monde (grâce à un lien qui a été créé à Madagascar avec une infirmière belge), Action humanitaire (qui a des adhérents à Treillières), Du cœur pour Mada (association dont le siège est à Grenoble, qui mène des projets à Tsiroanomandidy), etc.
Les adhérents de l'association Les Enfants de Tsiro se situent principalement dans deux zones : autour de Treillières et en Ille-et-Vilaine. L'ensemble s'est créé à partir d'un important réseau relationnel et d'un fort investissement en temps des deux personnes à l'initiative de la création de l'association. Le nombre de membres « actifs » est estimé à une trentaine sur environ 100 adhérents, ce qui est remarquable, ainsi que la présence importante de jeunes : la moitié des membres « actifs » ont moins de 60 ans dont un certain nombre moins de 30 ans.

Des liens très forts
Dans les textes (en AG, dans le bulletin ou sur le blog) ou dans les échanges informels, il y a souvent une forte dimension

affective. Cependant, les responsables de l'association ont le souci de « ne pas créer d'habitude, de ne pas installer les partenaires malgaches dans l'assistanat ».
Des visites sont organisées tous les ans. Depuis 2009, 40 membres de l'association y sont allés dont la moitié avaient moins de 40 ans. Certains y sont allés pour travailler. Par exemple, des étudiants font du bénévolat l'été pour l'animation du centre de loisirs. Une jeune y est restée huit mois avec une activité dans le domaine de la santé (en lien avec PHI) et éducative (cours de français, éducation à l'hygiène).
Une vie associative révélatrice des multiples liens créés et utilisés ici et là-bas.

La lune à l'envers (LLAE)

Création

Cette association a été créée en 2004 par la sœur et le beau-frère de l'actuel président de l'association qui sont allés à Antsirabe pour l'adoption d'un enfant, né à la maternité qui avait été créée en 1940 par leur tante, religieuse. Au démarrage, l'action de La lune à l'envers est pour le soutien à la maternité et l'aide à des prisonniers.

Les actions à Madagascar

L'association est donc essentiellement dans le soutien financier aux actions des religieuses à Madagascar. Cela se traduit par la prise en charge de la scolarisation de 200 enfants : frais d'écolage, salaires de trois enseignants et repas de midi pris au centre social (salaire d'une femme de service) plus l'aide médicale d'urgence. Il s'agit donc d'un « parrainage collectif ».
L'association finance aussi des bourses d'étude pour 42 lycéens et 21 étudiants et la formation en couture pour une centaine de jeunes filles.
La lune à l'envers ne se limite pas cependant à la dimension scolaire. Elle investit aussi dans le centre social (création d'une rizerie, construction de sanitaires et douches, etc.), la maternité (pour des opérations, le fonctionnement, l'agrandissement). Elle prend en charge un repas par semaine pour les prisonniers. Les

Sœurs ont de nombreux projets. Il faut arriver à leur faire définir des priorités. La décision du choix de financement est prise après discussion.

Les actions en France

Elles sont assez classiques ici : l'adhésion parrainage collectif, un vide-grenier, la vente d'artisanat, de vanille, de tableaux et la participation aux marchés de Noël.
90 % des adhérents sont du Pays de Retz (sud-ouest de la Loire Atlantique).
La lune à l'envers est définie par son président comme « une entreprise familiale ». Rester de petite taille est essentiel pour les animateurs de cette association : « on finance des micro-projets précis. On ne veut pas trop grandir. Les gens nous font confiance parce qu'on est une petite association. On contrôle tout, pas de frais de fonctionnement. Quand on voit là-bas les 4X4 de l'Unicef ! »

Les voyages et échanges sont réguliers. La Sœur, responsable du centre social, est venue en France. Des adhérents vont à Madagascar tous les ans. Quand H. y va (tous les deux ans) il passe une huitaine de jours à Antsirabe, il vérifie les comptes, rencontre tous les étudiants boursiers et le personnel.

Le rapport au religieux

À Madagascar, le centre social, la maternité, l'action en direction des prisonniers sont sous la responsabilité de Sœurs franciscaines. Le centre social est géré par une ONG, mais la présidente est religieuse, Sœur Y, mais en « rupture » de communauté.
En France, l'association LLAE est laïque et il a fallu parfois (mais rarement) dépasser la réticence de certains pour une aide à des religieuses. Elle fédère des gens d'opinions politiques diverses. H., le président, a été militant des Amicales laïques et un couple très investi est responsable local du Secours catholique.

On retrouve dans cette association un certain nombre de caractéristiques : le rôle de l'adoption dans la création, l'« entreprise familiale » (avec les amis, extension de la famille), la construction de lien social ici dans le bassin de vie, une association laïque qui soutient des structures religieuses parce que ce sont celles qui répondent aux besoins essentiels de la population.

Association Saint Gabriel Solidarité
www.freres-saint-gabriel.org

Cette association est spécifique car elle est un des outils d'une congrégation pour développer son action d'éducation.
La congrégation Saint Gabriel est présente à Madagascar depuis 1903. Saint Gabriel Solidarité a été créé par les Frères de Saint Gabriel en 1996 pour recevoir des dons. En 2011, Saint Gabriel Solidarité a pris son autonomie et s'est constituée en association loi 1901. Elle soutient actuellement une douzaine de projets dans le domaine scolaire dans sept pays : Rwanda, Burkina Faso, Guinée, Kenya, Madagascar, Inde et Brésil. Quatre des projets soutenus sont à Madagascar. Les dons de l'association ont permis de construire des locaux, d'équiper le CDI, d'envoyer plusieurs containers de livres, de financer l'achat d'ordinateurs et l'enseignement de la technologie. Un parrainage d'élèves est organisé.
En 2016, Saint Gabriel Solidarité a 340 adhérents. Son budget est de l'ordre de 150 000 euros par an. Trois sources de revenus : les dons, la vente de calendriers par les écoles et les particuliers et le soutien d'associations partenaires (AIDER Angers, Sacs de blé 85, NDBA, ASPSA, Cœur du Monde 85, les Papiers de l'Espoir, une association espagnole : Manos Unidas...).

3- Origine diaspora

Le Lémurien- Maison de Madagascar

http://www.assolemurien.fr/

Origine

En 1994, tout a commencé par la réfection d'un pont dévasté par le cyclone Geralda dans la commune de Antanetibe Mahazaza[12] dont est originaire Henri. Cette opération a été menée en partenariat avec des jeunes Scouts de la région nantaise. Pour poursuivre, Henri et ses amis ont créé l'association « Le Lémurien - Maison de Madagascar » le 12 septembre 1994.

L'objectif exprimé : favoriser l'éducation à l'entraide pour le développement humain, notion entendue comme « élargissement des choix des individus notamment dans les domaines de l'éducation, la santé, l'économie et l'environnement ». À Madagascar, l'association française a pour partenaire l'ONG[13] Le Lémurien à Mahazaza (dans ce pays il existe un statut des ONG, voir chapitre 12).

Les principes d'action

À Madagascar, l'association Le Lémurien dit « encourage(r) les initiatives des villageois là où ils sont capables de prendre en charge leur propre destin ». La population locale, organisée en association, fait part de son propre projet et indique comment elle entend mettre en œuvre les actions. L'association Le Lémurien dit apporter seulement « le coup de pouce » humain, technique ou financier pour aider au démarrage du projet.

---

12 La communauté de communes de Antanetibe Mahazaza est située à 55 km de la capitale sur la RN4 dans la Région d'Analamanga. Antanetibe-Mahazaza est une communauté de 19 communes d'environ 12 000 habitants dont Mahazaza qui a 700 habitants.

13 Le ministère des Affaires étrangères malgache a accordé le label ONG à l'association le Lémurien à Madagascar en 2014.

L'opération à mener à Madagascar doit correspondre à un réel besoin exprimé par la population malgache. Ces actions visent à maintenir les habitants, notamment les jeunes, sur la « terre nourricière » pour qu'ils ne soient pas « attirés par des contrats de travail hypothétiques dans les grandes villes et finissent, pour certains, par grossir les bidonvilles ».

Les actions à Madagascar

L'activité la plus importante de l'association Le Lémurien est d'aider à l'organisation de séjours de Français et principalement de jeunes diplômés qui apportent leurs compétences, et ce, principalement, pour l'enseignement, dans la communauté de communes de Antanetibe-Mahazaza. Cette dimension de l'activité s'est principalement développée à partir de 2000 dans le cadre du projet EnFraMada (Enfance France Madagascar). Depuis un an, il n'y avait plus d'enseignant de français au collège de Mahazaza.

Les séjours sont souvent relativement longs, de trois mois à une année scolaire. L'association définit avec le/la volontaire la « mission » en fonction des besoins locaux. L'activité la plus fréquente est l'enseignement du français dans des classes primaires des écoles publiques et privées ou en collège ou lycée, souvent dans des classes de 50 à 60 élèves. L'enseignement peut aussi concerner d'autres domaines comme l'informatique par exemple. L'éducation à l'hygiène, à la santé et le planning familial est une autre dimension importante. Ces intervenants sont majoritairement des jeunes femmes.

Ce sont aussi des bénévoles français, membres de l'association, qui ont prêté main-forte à la population pour rénover le centre de santé et construire les écoles primaires, le collège et lycée.

Les secteurs d'interventions sont cependant diversifiés : animation de centres aérés, aménagement de bibliothèques, de terrains de sport, la permaculture, etc. « Ces jeunes sont parfois bardés de diplômes, ont acquis des connaissances théoriques mais acceptent de partir pour apprendre à se confronter aux dures réalités de la vie en milieu rural ». 20 jeunes de GEORAID en 2014 ont ainsi œuvré à la construction d'adduction d'eau et implanté sept bornes fontaines dans le village de Merikanjaka.

Les voyageurs apportent bien sûr du matériel récupéré en France, notamment du matériel pédagogique, informatique ou médical, des dons d'associations sportives ou du CHU.
Une autre thématique essentielle pour Le Lémurien est celle du développement durable : des intervenants participent à la reforestation ou à la promotion de l'énergie solaire. L'utilisation de cuiseurs solaires et des poêles économes, fabriqués sur place, a pu ainsi se développer.

Ces interventions sont principalement dans la région de Mahazaza, mais pas seulement. Le nombre de personnes parties à Madagascar avec l'association est remarquable, de l'ordre de 200 depuis 2000. Beaucoup de contacts se font par Internet, les participants sont donc de la France entière. Ce sont souvent des étudiants dans le cadre de leur cursus de formation ou pour faire une « pause humanitaire » dans les études ou à la fin de celles-ci. Parfois ce sont des jeunes sans travail ou même des salariés dans le cadre de congé solidaire, tel que le permet par exemple la Banque populaire. Tous ceux qui partent paient leur voyage et 10 euros par jour pour la pension complète. L'association Le Lémurien joue un rôle de formation et avant de soutenir un projet, elle vérifie toujours les motivations de cet engagement.

L'activité de l'association ne se limite pas à l'organisation de ces séjours : des familles françaises ont parrainé des familles malgaches pour l'achat des cuiseurs solaires.
Une autre action qui a pris de l'ampleur est le parrainage de zébus. Avec les naissances des petits zébus, le nombre de bénéficiaires peut augmenter et l'association espérait en 2016 arriver au centième. Malheureusement, le vol de zébus reste une pratique encore trop fréquente dans l'île.

En 2016, un des objectifs prioritaires est de lutter contre l'exode rural des femmes. Pour cela, il a été décidé de créer un Espace femmes dans la Maison des jeunes notamment avec une bibliothèque et en créant des ateliers de pré professionnalisation dans des domaines tels que la lecture et l'écriture, la cuisine, la danse, la couture, la musique, la permaculture.

Les interlocuteurs sont nombreux à Madagascar. L'association a obtenu, par exemple, le soutien du ministère de l'Environnement pour la promotion des cuiseurs solaires. Les contacts avec l'Alliance française ont permis des actions d'enseignement dans d'autres régions notamment dans l'île de Sainte-Marie.

Les actions en France

L'information et la sensibilisation en France, en Loire-Atlantique et dans les départements voisins font aussi partie des objectifs du Lémurien. Les interventions dans les établissements scolaires, collèges et lycées, publics et privés, sont relativement nombreuses et motivantes. Des classes participent ensuite à des actions de développement. En 2016, une classe entière de La Joliverie, lycée privé de Nantes, a organisé de nombreuses actions pour financer un séjour.

Si Le Lémurien bénéficie régulièrement de subventions de fonctionnement de la ville de Rezé et ponctuellement, pour des projets, d'autres collectivités territoriales, sa source principale de revenus est l'organisation de soirées avec musique, danse et repas et la participation à des événements culturels locaux.

Une intervention intéressante dans un département voisin est à noter. À la suite d'une proposition du Consul de Madagascar pour le Grand Ouest pour développer la coopération décentralisée, la mairie de Saint-Jean-de-Monts a contacté l'association Le Lémurien qui s'est déplacée pour présenter les possibilités d'actions à Madagascar. C'est ainsi que 10 jeunes de cette ville ont pu faire un séjour en 2006 et qu'un jumelage de St-Jean-de-Monts avec la commune de Mahazaza a pu se mettre en place.

Le Lémurien participe au comité de pilotage de Bolivia Inti et au Fonds régional d'aide humanitaire.

L'association compte aujourd'hui plus de 760 adhérents. On peut noter une présence régulière dans la presse locale notamment avant chaque départ et au retour des bénévoles.

A partir d'une réponse à un problème en 1994 dans la région d'origine de l'initiateur, une association naît puis grandit. Son originalité : proposer, au-delà des réseaux habituels, un cadre d'action pour celles et ceux, et notamment les jeunes, qui veulent s'engager.

Ankadibe

www.ankadibe.fr

Passer de la solidarité familiale à une solidarité plus large par la mobilisation des réseaux en France.

Origine

Fara souhaitait aider des villageois comme elle-même avait été aidée par un frère pour faire ses études. En France, lors d'un repas avec des amis, quelqu'un lance « et si on montait cette association ? ». C'est la création en 2005 des Amis d'Ankadibe du nom du village natal du père de F. qui était pasteur. L'objectif est simple : améliorer les conditions de vie dans ce village pour tout le monde, c'est-à-dire ne pas se limiter à la solidarité familiale. Dans un second temps, il s'agira de passer de l'échelle du village à plusieurs villages.

À Madagascar

L'association Ankadibe se définit comme ayant « trois pôles d'actions : éducation pour tous, eau potable pour tous, santé ». La plupart des actions sont menées en partenariat avec d'autres associations.

La première action a été, en 2005, la création d'une bibliothèque.

Un des objectifs principaux est de favoriser l'éducation et notamment l'éducation des filles. La construction de l'école a été considérée comme l'affaire des parents. L'association, par un parrainage collectif, finance les achats pour les repas que les parents cuisinent et indemnise sept enseignants dans trois EPP.

Pour l'électrification, F. a pris l'initiative de contacter Électriciens Sans Frontières. ESF a d'abord fait une mission d'étude sur le terrain avant de s'engager à travailler en partenariat. ESF a été porteur du projet, financé par la région Pays de la Loire, qui a permis l'électrification et l'attribution de

la Boitawatt, un container reconditionné, autonome en énergie renouvelable et pouvant servir de cabinet dentaire.
Grâce à des actions réalisées avec le partenariat du Conseil général 44, Électriciens Sans Frontière, du Grand-Lyon, de CDC Solidarité Paris et de l'ADRAR Lot-et-Garonne, six villages, soit 4 000 habitants, ont maintenant accès à l'eau potable.
L'association Ankadibe a également fait plusieurs envois par containers (fournitures scolaires, matériel pour des ateliers d'artisanat, etc.) en se groupant avec d'autres à Saint-Nazaire.

Dans le village d'Ankadibe, il y a un interlocuteur, le maître d'œuvre, Doudou, multi compétent, qui s'est formé avec des techniciens malgaches. Il gère les projets du début à la fin (études, animation du travail des villageois, etc.). L'association finance l'achat des matériaux (ciment, robinetterie). Les villageois sont toujours associés aux projets : ils fournissent la main-d'œuvre, les matériaux locaux comme le sable, les pierres... Ils sont responsabilisés sur la maintenance et l'entretien des installations. Pour la pérennité des actions, une participation financière est demandée aux villageois, participation décidée pendant une réunion publique en prévision de l'usure et de la détérioration de l'installation.

À partir de 2008, plusieurs séjours de jeunes volontaires et notamment d'étudiants, de différentes villes de France et même de Bruxelles, ont été organisés dans le cadre de leurs cursus universitaires. Ces « voyages solidaires » sont l'occasion de donner des coups de main pour certaines constructions ou pour les travaux des champs, de dispenser des cours de français, etc.

Une action originale est organisée avec l'OUED (Organisation hUmanitaire des Étudiants Dentaires) constituée de doctorants de dernière année à la faculté de chirurgie dentaire de Nantes. Auparavant, ils intervenaient en Mauritanie. À la suite de problèmes politiques dans ce pays, en 2012, ils ont cherché un autre lieu d'intervention. Un des étudiants était dans le même groupe musical que quelqu'un de la famille de F. La collaboration avec Ankadibe pouvait démarrer. Les étudiants

financent entièrement leur action (médicaments, matériels chirurgicaux, etc.). Ankadibe assure l'organisation et la logistique. Une fois par an, F. part avec eux. En 2013 par exemple, les neuf étudiants et trois professeurs présents ont pu soigner 446 patients. En 2016, ce sont 535 patients qui ont pu être soignés.
Leur action consiste aussi évidemment en un travail d'éducation à l'hygiène bucco-dentaire. Quatre écoles étaient concernées en 2016. En plus des soins par les dentistes, depuis 2014, des prothésistes sont venus pour « rendre le sourire à tous » (35 prothèses amovibles en 2016).

En France
L'association Ankadibe a su nouer de nombreux partenariats : OUED, PHI, ESF, ADRAR, la mairie de Saint-Aignan, la Région, le Conseil départemental 44, CDC solidarité développement. Le soutien par la mairie de Saint-Aignan est important. L'association Ankadibe est prestataire de service pour le projet *jeunes* de la mairie qui a abouti à la construction et l'équipement d'un local pour les jeunes de Ankadibe.

L'association est également à l'initiative de nombreux échanges avec des écoles et collèges de la région.
Une centaine d'adhérents paient une cotisation ; ceux qui le souhaitent participent au parrainage collectif pour les repas.

Parmi les caractéristiques de cette association : l'importante mobilisation de réseaux.

Vahiny

http://vahiny.madagascar.free.fr/

Vahiny est une association créée en 1994 par un Malgache vivant en France pour organiser des voyages solidaires. L'orientation de cette association a changé en 2001 avec la mise en place des premiers parrainages et la construction d'un puits.

Les actions à Madagascar

Parrainage et soutien à une école

De 2003 à 2011, Vahiny a permis la scolarisation des enfants du village de Soamanana, maintenant autonome. L'association a ensuite mis en place des parrainages dans deux sites : à Tana, pour cinq enfants, en lien avec l'association Miabo (cf ci-dessous) et à Fenoarivo, dans le « village Aïna » géré par les Sœurs de La Sagesse. En parallèle à l'action de parrainage dans cette région, l'association participe au financement de l'école primaire de Soavimbahoaka, gérée par les Sœurs de la Sagesse, qui se situe à 1,3 kilomètre du "Village Aïna" où résident les Sœurs. La construction a été financée par l'association Vahiny Madagascar et le matériel, bancs, tables, tableaux, a été fourni par les Sœurs de la Sagesse. Actuellement 126 enfants y sont scolarisés. L'association prend en charge des frais de cantine. Un soutien aux enseignants est apporté par l'Alliance française.

Aide aux artisans pauvres d'Antananarivo, le « projet cuir »

En 2008, l'association récupère un lot de cuir offert par une maroquinerie de luxe française et prend contact avec José Ratiarson qui assure la gestion du Flamant Rose et de l'association Miabo à Madagascar. Le Flamant Rose est un magasin d'artisanat connu à Antananarivo pour ses engagements dans le commerce équitable et le développement durable. Il crée des projets d'accompagnement et guide les artisans pauvres vers un travail de qualité et rentable économiquement, pour les conduire vers l'autonomie financière. L'association Miabo s'occupe, pour ces mêmes artisans, de la partie sociale liée aux projets économiques, comme l'éveil à l'éducation, à la scolarisation des enfants, à l'hygiène, etc.

En janvier 2013, deux machines à coudre le cuir, données par une entreprise de maroquinerie de luxe, sont envoyées à Madagascar. De l'artisanat est acheté au Flamant Rose pour ensuite être commercialisé. En 2012, face aux difficultés que les artisans rencontrent, à la demande de Miabo, Vahiny Madagascar décide d'attribuer une dotation. Elle est entièrement gérée par l'association Miabo et est en conformité avec son action : assurer la scolarisation des enfants d'artisans. Les difficultés grandissant, la dotation est maintenue en 2013 et pour les années à venir. Elle a permis d'aider à la scolarisation de 72 enfants à la rentrée 2013/2014.

Promotion rurale et aide aux familles d'enfants parrainés.
L'association a choisi, avec l'aide des interlocuteurs du « village Aïna », d'accompagner des familles pauvres sur le chemin de l'autonomie financière. Cela s'est traduit par l'accord d'un prêt de 1 800 euros sans intérêt, sur quatre ans au « village Aïna » pour le soutien de 54 familles de paysans qui souhaitent atteindre l'autonomie financière en réalisant des petits projets de quatre mois chacun. 49 familles sont actuellement concernées.
Parallèlement, l'association attribue des micro-crédits pour la mise en place de petits projets de quatre mois par les familles des enfants parrainés : petits élevages de poulets ou canards, fabrication de briques, petits commerces de fripes ou PPN (produits de première nécessité).

En France
L'association participe à des ventes d'artisanat, des vide-greniers, des marchés de Noël. Une action originale en 2016 : une marche de Guérande à Rome, par un adhérent : « Une marche au long cours, seul, pour le financement des repas de cantine d'enfants malgaches, majoritairement orphelins. Une marche où le pari est le cœur de l'Homme. Partir sans tente ni duvet mais en demandant humblement, chaque soir, gîte et couvert. À chaque fois que j'étais reçu, j'effectuais un versement de 15 euros à l'association Vahiny. »

Une ou deux visites par an sont organisées pour le suivi des actions en place, ce qui permet d'entretenir le lien et « apporte beaucoup de réconfort moral sur place ». Malheureusement, l'association reconnaît des difficultés de renouvellement des membres actifs.

Métis malagasy

www.assometismalagasy.wordpress.com

La région de l'Androy dans le sud de l'île est peu accessible et peu connue... donc peu d'associations soutiennent ces villages. L'association a été créée en 2007. La mère de l'actuel président de l'association est originaire de cette région. La famille qui vit en France et des amis organisent un voyage en 2008. Ils sont 18 à partir et transportent, entre autres, pas mal de matériel scolaire dans leurs bagages.
Depuis, l'association a permis des travaux de réfection de l'école et de la cantine et la confection de matériels scolaires, la plantation d'arbres, etc. L'État malgache s'y investit maintenant un peu plus. Elle a contribué à l'équipement informatique de l'Alliance française. Elle soutient aussi la Croix-Rouge locale (fourniture de lunettes, machine à coudre pour une école de couture, fauteuils roulants, déambulateurs...).
Les liens sont réguliers (voyages annuels de membres vivant en France) mais l'association demeure de taille modeste et se qualifie elle-même de « familiale ». Elle a su cependant développer des liens ici, par exemple avec Les Papiers de l'espoir de Vertou, Bolivia Inti pour les cuiseurs économes, Biblionef pour des livres de jeunesse et à Madagascar avec la Croix-Rouge et l'Alliance franco-malgache d'Ambovombe.

Nosy Mitarika (NM)

www.nosy-mitarika.fr

Nosy Mitarika peut se traduire par « l'île phare ».

Origine

2009, 50 ans après, Yolande retrouve son île de Sainte-Marie où elle a vécu enfant. L'île avait été dévastée l'année d'avant par le cyclone Yvan. Elle rencontre le PdS (maire) qui lui indique le village le plus pauvre : Ambohitra. Personne de l'extérieur ne vient dans ce village qui est à 10 km du centre-ville de l'île, donc deux heures de voiture. La première urgence en 2009 est de construire une école. L'école est un amas de tôles. La tente offerte par l'Unicef est partie au cyclone suivant. « Yolande a fait du bruit dans l'île ». De retour en France, elle mobilise des amis et l'association est alors créée.

À Madagascar

Début 2010, un groupe de quatre personnes de Loire-Atlantique et Vendée va à Sainte-Marie. L'idée de construire une école en dur, selon des normes anticycloniques, fait son chemin. Finalement, l'État a financé les bâtiments de cette EPP. NM finance l'achat de mobilier et de fournitures et le salaire de deux vacataires.

Mais les habitants ne peuvent pas payer l'écolage et les cours n'étaient assurés que jusqu'au CM1. Il fallait aller dans d'autres villages pour le CM2 ou le collège, ce qui nécessite de traverser la forêt « avec les risques de viols ». L'objectif était donc d'ouvrir un CM2, ce qui est réalisé maintenant. L'école est maintenant équipée en matériel audio-visuel. Un terrain de sport a été aménagé. Surtout, un logement en dur pour les quatre instituteurs, précédemment logés dans des cabanes en tôle, a été réalisé... C'est une incitation à la stabilité.

Le soutien à ce village s'est aussi concrétisé en permettant une évolution du travail des femmes. Traditionnellement, elles font de l'artisanat. Rose-Marie, de Rouge Beauté (autre association du collectif Mada 44 qui a permis le lien) qui intervenait dans un autre lieu, dans le nord de l'île de Sainte-Marie, a participé à leur formation. Ce fut un déclic. NM a contribué à la création d'une association de femmes et a participé à l'achat de matières premières. Cette association est maintenant autonome. Le développement de l'artisanat a permis une ouverture sur le reste de l'île : « le village commence à être reconnu (...) le village se développera à partir des femmes. »

Grâce à NM, un gynécologue de Nantes a formé des personnels à l'échographie dans l'île.

Liens

Depuis plusieurs années, des visites ont lieu régulièrement. Le problème a été longtemps celui des interlocuteurs sur place. Il y avait bien un couple que connaissait Yolande, couple qui vivait dans l'île de Sainte-Marie mais pas dans le village. Il n'y avait pas de correspondance régulière. Enfin, depuis l'été 2015, l'association a un correspondant, ancien fonctionnaire des impôts, « mais aussi compétent en jardinage, quelqu'un de reconnu dans le village et qui fait le lien avec les autorités ».

Et maintenant ?
L'initiative : le voyage de quelqu'un de la diaspora malgache qui décide de soutenir un lieu particulièrement défavorisé mais pas son village d'origine. Grâce à cette action, ce village, complètement enclavé, est maintenant « reconnu ». L'objectif premier par rapport à l'école est atteint (reconstruction, équipement, présence de quatre enseignants logés). Le village est toujours aussi pauvre mais un espoir existe. Le travail des femmes a pu évoluer. Le partenariat va certainement lui aussi évoluer... dans la limite des moyens d'une petite association, « mais on sera là s'il y a un problème ».

Manao Soa

Josée, qui vit à Nantes, est originaire d'un quartier pauvre de Diego Suarez où réside encore une partie de sa famille (très grande précarité, insalubrité, surpeuplement, inexistence d'équipement sanitaire, d'où de graves problèmes d'hygiène, absence de lieu de rencontre, etc.). Elle se rend tous les deux ou trois ans sur place et commence par acheter seule un terrain pour y construire des sanitaires mais elle voudrait faire plus, quelque chose pour les enfants, pour les mères. Elle en parle à ses collègues au CHU et ses amis. L'association naît ainsi en 2010. Son objectif est simple : la création d'un « lieu public à caractère sanitaire » donc la construction d'un bâtiment avec douches et WC, mais aussi avec un espace cuisine et repos pour les femmes qui pourra être aussi un lieu d'écoute et un espace d'études pour les enfants du quartier.
Depuis le démarrage de l'association, plusieurs membres sont allés sur place. Ils ont ainsi pu se rendre compte du rôle des

parents de J. : « C'est la maison où tout le monde vient. C'est toujours plein de gamins. »
Pour récolter des fonds, en France, l'association participe à des vide-greniers ou fait des repas pour d'autres associations ou des connaissances. Elle reconnaît une taille modeste et des capacités de mobilisation réduites car tous les membres actifs sont encore en activité, un cas assez rare.
En 2016, les travaux avancent, mais doucement. La dalle du bâtiment sanitaire est coulée.

L'association et son action nous sont décrites comme l'effet du charisme d'une personne.

4- La culture comme vecteur de solidarité

Hetsika, accueil, arts et culture à Madagascar

www.hetsika.fr

Hetsika signifie « bouger » en malgache[14].
Hetsika est aussi une association dont les fondateurs sont membres de la diaspora. Toutefois, il paraît pertinent de la présenter dans ce chapitre, car elle n'est pas dans le soutien à un village ou un secteur géographique spécifique.

Origine
Le président-fondateur de Hetsika, accueil, arts et culture de Madagascar faisait d'abord partie d'une association à vocation humanitaire avant de créer Hetsika avec d'autres bénévoles. Son association d'origine organisait des actions culturelles, mais était divisée sur la question de la rétribution des artistes malgaches, conflit entre la défense et la promotion des artistes d'un côté et, de l'autre, l'objet initial de l'association. Vonjy décide alors de créer une association qui aura pour vocation de promouvoir la culture malgache. C'est lors de la fête des langues, événement local qui promeut la diversité et le partage des langues à Nantes qu'il rencontre celle qui, avec lui et deux autres membres, fondera l'association dont les statuts sont déposés en avril 2005.
L'idée force de cette nouvelle association : la culture est un des fondements du développement, car elle est un élément de la compréhension de l'autre. Le nom de l'association est significatif : « Hetsika, accueil, arts et culture de Madagascar ».
Une de ses toutes premières initiatives sera la création du

14 L'association Hetsika dont il est question ici n'a pas de lien avec Hetsika diaspora

festival Couleurs malgaches dont la première édition se tient en 2007.

À Madagascar

Les deux événements majeurs furent organisés à Antananarivo, le premier en 2012, le second en 2017. Pour la réalisation de l'opéra *Carmen* en 2012, il a fallu rechercher des moyens logistiques et humains. C'était un investissement important, pour lequel l'association a bénéficié, à titre individuel, de l'apport du régisseur de Nantes-Angers Opéra ; son implication à toutes les étapes de la préparation a contribué à concrétiser un niveau d'exigence digne d'un opéra réalisé en France ou à l'international, en particulier, concernant la mise en scène et la logistique. L'apport local fut aussi déterminant pour l'aboutissement du projet, avec l'intégration dans l'équipe, sur place, d'acteurs et chanteurs. La mise en scène a été réalisée avec Laka, un Centre d'art lyrique à Tana, et a offert une opportunité inédite à la scène locale. Le soutien financier de la Ville de Nantes et Nantes Métropole fut aussi l'un des facteurs de réussite du projet. Le projet d'opéra a été réédité en 2017 avec l'adaptation locale des *Enfants du Levant*, opéra d'Isabelle Aboulker.
Faire chanter ensemble 1000 enfants à Tana a été une autre action qui a permis de réaliser un CD en 2014.

En France

Depuis sa création en avril 2005, Hetsika anime des ateliers de langue malgache et depuis la rentrée 2018, pour petits et grands. L'association est, depuis 2013, à l'initiative de projections de films dans les cinémas de la région. Depuis 2014, une soirée cinématographique, appelée MadaTouTcourt, diffuse des courts-métrages dans un cinéma d'art et d'essai, le Katorza, à Nantes. Depuis 2007, tous les 3 ans, le festival Couleurs malgaches est organisé à Nantes et ses environs pour « montrer autre chose que le folklore », déconstruire les clichés, présenter les arts et la culture de Madagascar autrement. Des films, des documentaires, des expositions (peinture, photographie, objets), des conférences et tables rondes, des ateliers, des concerts : un programme très complet autour des arts et de la culture qui

permet de traiter dans le même temps des problématiques transversales telles que l'esclavage, la diaspora, le développement, l'environnement, les langues, la littérature. Hetsika participe à la vie culturelle du territoire en proposant un programme à la Semaine de la francophonie, à la Journée nationale des mémoires de la traite, de l'esclavage et de leurs abolitions et propose également de la restauration lors de grands rendez-vous artistiques et musicaux comme les Rendez-vous de l'Erdre et Tissé Métisse.
En juillet 2013, lors d'une soirée avec film et débat avec deux intervenantes malgaches, un des problèmes politiques majeurs de ce pays (et d'autres), celui de l'accaparement des terres a pu être abordé à Nantes.
Hetsika assure également l'accompagnement de migrants et, à ce titre, sert aussi d'interface ou de médiateur auprès des administrations ou des institutions.

Bien que créée par des membres issus de la diaspora, Hetsika n'en est pas une représentation. Néanmoins, l'association se veut attentive à la présence en son sein des différentes appartenances confessionnelles et des ethnies de l'Île mais a vocation à s'adresser d'abord et avant tout au public nantais, métropolitain et ligérien. Le renom de l'association dépasse les frontières de la région des Pays de la Loire.
Hetsika s'investit dans les partenariats associatifs et institutionnels, avec le soutien de la ville de Nantes, de la Métropole et fait partie de plusieurs réseaux : Casa Africa Nantes, le Comité de pilotage de la francophonie, la commémoration de l'abolition de l'esclavage et de la traite négrière, la MCM, Maison des Citoyens du Monde et le COSIM. Enfin, elle est à l'initiative de la création du collectif Mada 44.
Hetsika se définit comme association culturelle et de solidarité.

Bokiko

L'opération Bokiko est un projet qui a donné lieu à la création d'une association nationale. Un groupe qui a été actif dans ce

projet était en Loire-Atlantique et il a participé au collectif Mada 44. Pour des raisons professionnelles, son principal animateur local est peu disponible et le groupe est en sommeil depuis 2015.
L'objet de l'association : « accompagner le développement de projets destinés à créer et/ou pérenniser un environnement favorable à la relance de la lecture publique et de la politique du livre à Madagascar ; accompagner le développement de projets destinés à favoriser une synergie économique solidaire au sein de l'industrie du livre à Madagascar ; favoriser la communication entre les différents acteurs impliqués dans la relance de l'édition à Madagascar (associations, auteurs, maisons d'édition, imprimeurs, institutions, bibliothèques, centres de lecture, particuliers, lecteurs). »
Le « pilier » de ce projet est Michèle Rakotoson, écrivain, journaliste qui a travaillé en Bretagne puis est repartie à la retraite à Tana. Elle veut créer une filière du livre en malgache et organise par exemple des manifestations type salon du livre à Diégo-Suarez.

Et d'autres associations « culturelles »

Plusieurs groupes se sont constitués en associations : Bezizo (2008), Kant'Art (2011), Kalom-Baliha (2012).
Ils se proposent de promouvoir des échanges culturels et artistiques en France et d'apporter des soutiens à des associations à Madagascar.

5- Le commerce équitable puis la diversification des formes de soutien

Pour ces deux associations, l'insertion dans ce qui est communément appelé commerce équitable a été une dimension importante. Sans abandonner cette forme de soutien, elles ont su (dû) diversifier leurs formes d'actions pour atteindre leurs objectifs. Ceci va dans le sens de la remarque de P. Ryfman (citée chapitre 12) selon laquelle la distinction ONG de développement vs ONG humanitaire n'est plus très opératoire.

Solidev

Le soutien aux coopératives de femmes de marins et de pêcheurs de Toamasina (Tamatave), entre autres par la vente de leur production.

site : **http://www.madagascarsolidev44.eu**

Création

L'association Madagascar Solidev (Solidarité-Développement) a été créée, en France, en mars 2002, en soutien à *Kovapamina*, coopérative de femmes de pêcheurs, qui produit de la vannerie, et à *Fivatama*, association de femmes de marins du commerce, qui réalise de la broderie.

À l'origine, Yves Aubron, un Nantais, Frère de St Gabriel, responsable à Nantes puis au niveau national de la pastorale auprès des marins. Il est envoyé par sa congrégation à Madagascar comme permanent de la Mission de la mer en 1983. À Madagascar, il constate que les piroguiers n'arrivent plus à faire vivre leurs familles à cause de la baisse des ressources halieutiques. Il souhaite donc aider au développement d'activités pour les femmes de pêcheurs ; elles savent faire de la vannerie ; elles en vendaient un peu sur le marché local ; le projet est de passer à une autre échelle. L'activité d'un groupe

informel commence à Nantes en 1990. La solidarité est organisée à partir du réseau amical de la famille d'Yves.
Il ramène donc de la vannerie lorsqu'il revient en France ou en envoie dans la cabine de commandants de bateaux qu'il connaît. Cet artisanat est ramené à Montoir et revendu en général aux sorties de messes. Mais, après les attentats de septembre 2001, cette opportunité disparaît.
A partir des années 90, les marins malgaches vont connaître de plus en plus de difficultés pour avoir du travail. Il s'agit maintenant d'aider au développement d'activités pour les femmes de marins. Ces dernières sont de niveau social plus élevé que les femmes de piroguiers qui, souvent, ne savent ni lire ni écrire : elles ont en général été scolarisées et savent faire de la broderie.
Yves invite ses amis à s'organiser en association à Madagascar et en France. En France, le groupe a la volonté de ne pas en rester à l'œuvre « charitable » ; d'ailleurs, Yves demande de ne pas envoyer de vêtements ; par contre, il fait venir des filets de pêche. Entre 1995 et 2000, Artisans du monde commence à acheter de la vannerie et de la broderie. C'est le début de l'insertion dans le réseau du commerce équitable.

Yves décède en 2002.

Fonctionnement à Tamatave
Il existe donc une coopérative. Les services fiscaux malgaches ont imposé aux associations de se constituer en coopérative afin de récupérer plus de droits. *Kovapima* regroupe une cinquantaine de femmes de pêcheurs et *Fivatama*, association intégrée à la coopérative, une quinzaine de femmes de marins de commerce. Ces femmes ont un salaire double de ce qu'elles gagnaient avant et sont payées tout de suite. Une obligation : il leur est demandé de scolariser les enfants.
Une boutique vend sur place les produits de la coopérative. Des rencontres sont organisées avec des femmes d'autres coopératives du commerce équitable. Il existe à Madagascar une Association nationale du commerce équitable, l'ANCESM, qui valide les associations locales, il y a donc reconnaissance au niveau ministériel. Une boutique de commerce équitable existe

à Tana. Deux tiers de la production va à Solidev, environ 20 % à d'autres associations et 10 % est vendu localement. Les commandes internationales sont préfinancées à hauteur de 50 %. L'essentiel est d'avoir instauré des relations dans la durée, gage de sécurité.

Pour essayer de répondre à un certain nombre de problèmes posés, Solidev a confié une mission à Sandy, une jeune VSI[15] française, titulaire du DEES (Diplôme Européen d'Études Supérieures) Commerce équitable et économie solidaire, qui a pu travailler avec ces femmes pendant deux ans (2013-2015). Les objectifs principaux de son travail étaient le développement commercial, l'amélioration de la polyvalence des femmes (que chacune fasse trois produits) et l'autonomie de la coopérative. Charlotte, une étudiante en DEES à Saint Félix, a fait un stage de trois mois à Tamatave pour travailler avec elle sur le développement commercial local. Elles ont permis de trouver des marchés sur place et les ventes locales ont progressé de 1000 %. Le rôle de Sandy est allé au delà de la « commande initiale ». À la demande des femmes, elle a aussi contribué à mettre en place des actions de formation en lecture, écriture et français.

Beaucoup de femmes souhaiteraient intégrer la coopérative mais il n'y a pas encore suffisamment de débouchés. Solidev est très exigeant sur la qualité des produits fabriqués. La coopérative peut donc parfois refuser des articles que rapportent les ouvrières, ce qui n'est pas toujours simple à gérer.

Kovapamina suit, avec d'autres coopératives de la région, des formations organisées par AVSF et Artisans du Monde Rhône-Alpes. Elles ont eu un stand commun à la foire du commerce équitable à Tamatave en 2015.

Le problème de l'autonomisation de la coopérative par rapport à l'Apostolat de la mer est posé à Tamatave. Une religieuse était

---

15 Un-e-VSI est pris en charge pour les ¾ par l'État et pour ¼ par l'association. Solidev paie donc 900 euros par mois et un voyage aller-retour par an

responsable de la coopérative et en assurait la gestion. Les relations étaient compliquées avec le prêtre polonais sur place mais bonnes avec l'évêque. Les femmes souhaitaient ne plus être dans les locaux de l'Apostolat de la mer et ne plus avoir de responsable religieuse. Elles vont pouvoir changer de locaux. Une charte a été rédigée pour préciser les relations avec l'Apostolat de la mer. Une directrice malgache a été embauchée avec pour mission de s'investir dans le développement de la coopérative et d'en assurer la gestion.

En France

Une centaine d'adhérents (surtout de Loire-Atlantique mais aussi de Vendée et de La Rochelle). Le lien est souvent la Mission de la Mer mais il y a aussi un réseau herblinois. Une grande majorité de retraités... le renouvellement est souhaité.

Un Bureau de 10 personnes (de Loire-Atlantique) se réunit une fois par mois, le CA de 20 membres, trois ou quatre fois par an. L'association fait une AG par an et un repas malgache par an. Il existe une commission communication, une commission commandes et une commission projet. Une lettre est réalisée une ou deux fois par an. Sinon l'information passe par le site. Les responsables de Solidev font, en général, un voyage tous les ans ou tous les deux ans (environ un mois).

La vente des produits

Chronopost livre des colis de 20 kg qui arrivent en France par avion. Il y a trois ans, ils ont fait un container avec Zanaka. Solidev a plus de 30 lieux de vente par an dont des sorties de messe sur la côte (pour une ou deux heures) ou l'Autre Marché, Place Daviais puis au Carré Feydeau en 2018, à Nantes (pendant trois semaines avant Noël). En 2014, l'association a organisé 39 actions en 70 jours de vente, ce qui correspond à plus de 200 journées de bénévoles.

Sur la vente de l'artisanat, Solidev réalise, une fois tous les frais payés (transport, douanes, frais de déplacement et de fonctionnement) environ 20 % de bénéfice. Ce bénéfice permet de financer des projets collectifs à Tamatave : formation, alphabétisation, achat de matériel (machines à coudre) réfection et entretien de bâtiment.

Malgré ce soutien, la précarité est toujours très présente et les conditions de vie des femmes particulièrement difficiles. Comment travailler quand sa case a été détruite par un cyclone ? Quand le mari a été emporté par une tempête en mer ? Solidev considère avoir pris (consolidé ?) un tournant « humanitaire ». L'association sollicite les dons de particuliers et multiplie les actions (repas festifs, manifestations culturelles, quêtes dans des églises, etc.) pour pouvoir, par exemple, octroyer des prêts à taux zéro pour les reconstructions de cases après le cyclone.

L'association est très préoccupée par les relations avec l'Apostolat de la mer à Tamatave. L'enjeu de l'autonomisation de la coopérative et de la prise de responsabilité par les femmes est, pour ses membres, essentiel. Les voyages de 2014 et 2015 étaient centrés sur la résolution de ces problèmes. Ils ont pu rencontrer les autorités religieuses et notamment l'évêque à propos de ces tensions et imposer la nomination d'une directrice laïque malgache.

Solidev se caractérise par de très nombreux contacts en France : le collège St Blaise de Vertou, EAM Zaza malagasy, Tamadi, ASAM, Aînés ruraux, AdM de Prinquiau, ONG St Gabriel, Agronomes et Vétérinaires sans Frontières, Artisans du monde Lyon, etc.
L'association participe à des actions avec NAPCE, à la randonnée du bénévolat avec France bénévolat, à la Folie des Plantes, à la Fête de la solidarité à Gruellau, à Noël équitable avec Artisans du monde.
Elle a beaucoup contribué à la création du collectif Mada 44 et en a assuré l'animation en 2015 et 2016. Elle sait entretenir les liens avec les collectivités et a bénéficié de subventions de la ville de Nantes, du Conseil départemental et du Conseil régional pour le financement du poste du VSI sur l'autonomisation des femmes et d'une subvention de la Fondation Raja Danièle Moscovici pour l'amélioration des locaux à Madagascar.

Quel avenir ? S'adapter, évoluer...
Solidev peut compter sur un fort investissement en temps d'un réseau actif, relativement important, de bénévoles. Ceci donne

des résultats concrets. À Madagascar, grâce à cette coopération, « des femmes relèvent la tête ». Mais l'association sait qu'elle doit évoluer car la coopération au travers du commerce équitable ne suffit pas pour faire face à tous les besoins.

Enfin, une autre question posée à cette association est particulièrement significative. L'origine est le milieu religieux et le monde de la mer mais Solidev est une association « laïque ». À Madagascar, il existe des liens complexes avec les structures d'Église qui hébergent et « encadrent ». Le problème n'est pas nécessairement qu'elles soient « d'Église ». Quoique ? Conflit de rapports de pouvoir classique ? Conflit de légitimité de ceux qui se considèrent comme « héritiers » du personnage « fondateur » ? Il est certain qu'est posé le problème de l'autonomisation des acteurs locaux dans un « triangle » : coopérative / Église de Tamatave- Apostolat de la mer / Solidev. La coopérative est née de la volonté de responsables de l'Apostolat de la Mer qui voulaient permettre aux artisanes d'améliorer leur vie. Mais l'objectif était de permettre à la coopérative d'être autonome. Actuellement, les échanges avec les responsables de l'Apostolat de la Mer et de l'Évêché vont dans ce sens. Il s'agit d'accompagner la coopérative pour que l'autonomie acquise assure sa pérennité. Mais la coopérative ne peut pas se passer actuellement de Solidev qui permet l'essentiel des débouchés.

Zanaka

www.zanaka.org

Un centre de formation pour handicapés et une coopérative à Antananarivo, le commerce équitable en France.

L'origine et les débuts

L'origine de Zanaka ? « Par hasard » dit Régine. Peut-être pas tout à fait. Un « concours de circonstances » plutôt. Son frère vivait dans l'île aux Nattes, au sud de Sainte-Marie, à l'est de Madagascar. En 1997, alors qu'elle allait le visiter, R. cherchait une adresse à Tana. Elle rencontre un pasteur qui ensuite va la solliciter pour des aides. Elle fait appel à son réseau amical et

professionnel ou à des associations locales comme Frères des Hommes à Thouaré pour trouver les financements.
En 2003, la structuration officielle en association se réalise : c'est la naissance de Zanaka.
Des centres d'accueil d'enfants sont financés principalement par Enfants du Monde Réunion (Enfant du Monde est une grosse ONG qui fait principalement du parrainage). Ces centres sont dans des locaux appartenant à des institutions religieuses. Zanaka finance (en tant que bailleur de fonds secondaire) le centre d'accueil d'enfants des rues Fanantenana à Ankadikely qui, lui, n'est pas dans des locaux de structures religieuses et qui a donc un loyer à payer. Quand, en 2005, l'association EdM connaît des difficultés financières, elle envisage de fermer le centre Fanantenana et de placer les enfants dans des familles d'accueil. Zanaka se retrouve seule pour financer la scolarité de ces jeunes qui ont entre 2 et 18 ans mais beaucoup sont dans la tranche 14-18 donc avec des problèmes d'insertion professionnelle et surtout pour les filles ; de plus, il y a deux jeunes handicapés.
Un assez grand nombre d'adhérents de Zanaka travaillent dans la formation professionnelle en France. Ils décident donc de monter un atelier de préqualification en vannerie et un centre de formation avec la directrice qui vient d'être licenciée. Il y a sept stagiaires au départ. C'est l'occasion du contact avec ASA (Aide aux Sans-Abris) de Madagascar qui va devenir le partenaire privilégié.

Le fonctionnement à Madagascar

L'objectif de départ est donc la formation professionnelle. Le Centre ASA de Tana accueille Zanaka en 2007. ASA avait un centre d'apprentissage et ses formations sont reconnues par le Ministère. Les formateurs ASA ont aidé les formateurs Zanaka. La formation Zanaka va donc pouvoir bénéficier de l'agrément et délivrer des certificats de compétences. La structure Zanaka a une activité de même type que ASA (financement des locaux, des formateurs, soins, etc.) et a, en plus, une problématique handicap (donc elle finance par exemple le déplacement des stagiaires).

Dès le démarrage du projet, un atelier de production a été mis en place pour dégager des revenus. Mais la vente sur le Coma (un grand marché de Tana) ne rapporte pas beaucoup. Des colis d'objets fabriqués sont envoyés par bateaux en France pour être vendus sur les marchés solidaires et dans le circuit de l'économie sociale et ce, dans différentes villes ou régions où a habité R.

Un bilan est réalisé en 2012 sur cinq promotions de stagiaires sortis. Leur emploi est souvent précaire et les conditions de travail sont difficiles. La réflexion qui s'ensuit aboutit à la décision de création d'une coopérative de production, *Talenta ny Sembana* (les talents des handicapés).
En 2015, Zanaka a aidé *Talenta* en formant ses responsables pour obtenir un contrat de Partenariat DINIKA, avec l'Union européenne. Ce dispositif a pour but le renforcement des compétences de la société civile malgache. L'objectif était d'aider la directrice de la coopérative à construire son projet. Il a permis d'abord une formation des encadrants puis, dans un deuxième temps, un apport de fonds.

D'autres soutiens ont été possibles : Rose-Marie de Rouge Beauté, par exemple, est intervenue pour une formation sur le design des produits fabriqués.

En 2016, 10 artisans et quatre salariés pour l'encadrement travaillaient à la coopérative. Cette structure n'est pas encore viable au plan économique car les débouchés commerciaux sont encore insuffisants. Les ventes à Madagascar représentent à peine 20 % de la production. Mais des évolutions sont en cours, notamment grâce à un lien avec une expatriée qui a « ouvert son réseau », ce qui est très positif car des entreprises qui ont des expatriés parmi leurs cadres peuvent soutenir et permettre des débouchés. D'autre part, un magasin en partenariat avec ASA et financé à 70 % par l'ambassade de France devrait ouvrir très prochainement et un marché avec la Suède a commencé à se concrétiser.

Le Centre de formation est, lui, financé par le Secours Populaire de Dijon et Zanaka France.

Fonctionnement de Zanaka en France

La création de la coopérative et donc l'accroissement de la production a impliqué la recherche de débouchés en France (une activité très chronophage) ce qui a nécessité l'utilisation (l'activation) de réseaux (Ecossolies, réseau Bio, MCM, etc.).
Zanaka a fait une demande de subvention du FSE (Fonds Social Européen). Un dossier complexe qui a tout de même permis d'obtenir 18 000 euros en 2013. Il semble que ce soit le premier exemple de structure du commerce équitable obtenant un financement pour un emploi en France pour une recherche de débouchés. Ceci a permis pendant deux ans un emploi à temps plein (moitié sur contrat CAE CUI, moitié sur fonds FSE).
L'association Zanaka a pu bénéficier d'un Dispositif Local d'Accompagnement pour être aidée pour une réflexion sur son projet associatif par le cabinet d'expertise RScop.

L'association peut compter sur environ 40 bénévoles en France qui se retrouvent principalement sur les grosses opérations (Autre marché de Noël à Nantes, Rendez-vous de l'Erdre). Les bénévoles sont des actifs donc avec du temps disponible limité. Il y a toujours un souci d'optimiser le temps d'activité militante de ces bénévoles, donc, par exemple, l'association fait le choix de marchés « importants » et l'impasse sur « le petit marché du coin où on fait deux ventes ».

Une initiative originale est dans le partenariat avec le Lycée international Nelson Mandela de Nantes. Outre l'intervention dans des classes, ceci se traduit par une participation à l'activité du magasin pédagogique créé dans le cadre de la formation Bac Pro vente commerce. Zanaka fournit l'artisanat. Les produits des ventes réalisées par ce magasin pédagogique sont ensuite reversés à l'association. Des stagiaires Bac pro participent aux ventes de Zanaka pour le marché de Noël par exemple.

Zanaka est très soucieux de travailler en réseau. Ceci se traduit par les « ponts » créés à Madagascar avec d'autres structures, notamment associatives. En France, cela se concrétise par des actions comme celle avec le Lycée Mandela mais aussi en participant aux collectifs (Mada 44, MCM) ou au travers de partenariats commerciaux par exemple avec le réseau des Biocoop. Son action est soutenue par le Secours Populaire de Dijon qui, tous les ans, finance le Centre de formation.

Un statut « collégial » de l'association a été voté en 2016 et accepté par la préfecture. Le bureau est collectif avec des responsabilités totalement partagées. Il n'y a plus de président, de trésorier, de secrétaire. Mais chacun a des dossiers précis. Quelqu'un peut intégrer temporairement le bureau sur un projet précis. Cette collégialité change aussi la façon dont les Malgaches voient la relation.

En résumé

Zanaka France et la coopérative de production *Talenta* à Madagascar constituent deux équipes très liées. Zanaka est sur la recherche de débouchés commerciaux. L'insertion dans la logique économique se fait par l'ESS. La formation et la production sont à Madagascar, les débouchés commerciaux sont essentiellement en France.

Il est intéressant de constater l'origine : une grosse association qui se désengage (comme la création de Enfance Actions Madagascar-Zaza Malagasy)... et cela libère l'initiative.

Nous avons ici un exemple de « professionnalisation militante » avec un souci d'efficacité et de rentabilité du temps consacré à l'association, un savoir-faire pour trouver des dispositifs ressources (appel au Fonds social européen) et l'activation du réseau relationnel professionnel. Zanaka est dans une culture de réseaux d'associations en France et à Madagascar.

6- Soutien à la vie civile locale dont parrainages

Les Amis d'Handri (LAH)

http://lesamisdhandri.blogspot.com

Origine

Au départ, le Centre Handri accueille à Antananarivo des enfants pouvant être adoptés. En 2005, un couple de parents adoptants apprend que la directrice du centre finance la scolarisation de la fille d'une des nounous. Ils proposent alors de faire un « parrainage », ce qui ouvre des perspectives à la directrice qui propose cet engagement à des parents ou grands-parents potentiels qui, eux-mêmes, vont le proposer à leurs proches. En 2006, ces familles françaises envoient de l'argent individuellement. Quelques-uns des parents présents à Tana en 2005, qui ont une expérience militante, se retrouvent et décident donc, en 2006, de créer l'association Les Amis d'Handri dont les premiers objectifs annoncés dans les statuts sont « le lien entre familles ayant adopté au Centre Handri » puis le « lien entre ces familles et le Centre » et, en troisième, « la mise en place de parrainages ».

Des désaccords se font jour assez rapidement autour des buts : l'association doit-elle se limiter à l'organisation de retrouvailles en France et aux parrainages ou doit-elle étendre ses objectifs en organisant des actions permettant des équipements du centre. Derrière se trouve un sujet latent : celui du contrôle des fonds envoyés.

Afin de ne pas risquer de compromettre le démarrage de cette association, il est décidé par quelques-uns de créer une deuxième association, Handri la Vie, pour soutenir des projets du centre et notamment l'électrification. Au bout d'un an, les deux associations fusionneront.

En avril 2007, le versement de sept parrainages est fait par LAH sur le compte de l'ONG Handri qui vient d'être ouvert afin qu'il n'y ait plus confusion avec le compte personnel de la directrice et de son mari.

Le financement d'actions à Madagascar

Dans les années suivantes, l'association LAH financera l'achat de panneaux solaires, de poules pondeuses. Elle apportera une aide d'urgence à l'occasion d'une épidémie et financera les départs en vacances des enfants.

L'association LAH a fait le choix de ne pas interférer sur les questions d'adoption et de ne pas transférer de fonds en provenance de familles en cours de procédure. Ce choix aboutit à la création à Brive d'une autre association, Tongasoa Zazakely, qui récupère des fonds pour financer les dépenses des enfants pouvant être adoptés mais pas seulement pour le Centre Handri.

En 2011, à la suite de la visite en France de la directrice, de multiples projets commencent à se préciser mais, en mars 2012, le choc : une attaque à main armée du centre, une nuit. Appel au secours en France et il est décidé immédiatement un envoi de 1000 euros pris sur les réserves de l'association (et prévus pour l'achat d'une camionnette). Une souscription lancée dans un bulletin spécial permettra de récupérer plus de 2 000 euros, ce qui servira à l'électrification par la Jirama (EDF malgache) prévue depuis des années et toujours reportée, et l'installation de dispositifs de sécurité aux portes et fenêtres.

Les parrainages

Deux types de parrainages permettent deux types de relations : le parrainage enfant et le parrainage structure.

Le parrainage enfant.

La directrice du centre est bien connue dans le quartier et au-delà et souvent sollicitée par des familles. Si elle estime la situation prioritaire, elle propose l'enfant à l'association LAH pour un parrainage. Une famille ou une personne s'engage et signe une convention. Elle reçoit un « rapport social », histoire d'une vie toujours dramatique et une photo. Les parrains s'engagent à verser 30 euros par mois. Une fois par an, ils recevront le bulletin scolaire. Des petits cadeaux sont envoyés

par certains lorsque des membres de l'association vont à Madagascar. À l'occasion de ces visites, des courriers des enfants sont en général transmis.
Jusqu'en 2012, les enfants parrainés étaient scolarisés du CP à la Terminale. En 2012, deux ont accédé à l'enseignement supérieur et ont été diplômés en 2015. À la rentrée 2015, six jeunes parmi les 34 qui sont parrainés sont en enseignement supérieur. À la rentrée 2016, 10 sur 39 le sont.
Il existe en réalité de très grandes différences dans les relations entre parrains/marraines et les enfants et des liens forts peuvent exister pour ceux qui ont pu aller à Madagascar et pour lequel le parrainage s'inscrit dans la durée. Les liens peuvent être faibles, avec les plus petits notamment pour cause de difficultés de maîtrise de la langue française. Le parrainage donne un visage au bénéficiaire, c'est aussi ce qui est parfois recherché. Certains parrains souhaiteraient plus de contacts mais les enfants ont des difficultés à se situer face aux « généreux donateurs ».
Entre douze et quinze enfants ou jeunes parrainés sont hébergés en permanence au centre. Mais pour tous, comme ils l'écrivent à des jeunes français, « Handri est une famille ».
L'association se félicite d'une très grande fidélité des parrains, y compris lorsqu'il y a changement d'enfant parrainé : seulement trois abandons en 10 ans.

Le parrainage structure a été institué en 2008 comme complément quand le budget du centre faisait apparaître que la dépense pour un enfant était supérieure aux 30 euros versés. L'AG de 2008 a fait ce choix pour ne pas augmenter le prix du parrainage enfant. Un autre avantage était la possibilité de participation pour une somme choisie par le donateur. Globalement, ce parrainage structure sert maintenant surtout à financer le surcoût lié aux études supérieures.

Le lien et l'évolution des relations avec le centre
La base de départ est une relation de confiance et la reconnaissance de la qualité du travail d'accompagnement réalisé pour les enfants, que ce soit pour l'adoption ou dans le cadre des parrainages.

Pour ceux qui ont pu passer du temps au centre, on peut considérer qu'il y a une relation amicale avec les responsables du centre et certaines « nounous ». Les voyages à Madagascar ont toujours une forte dimension affective. Mais pour l'association, en dehors des visites, il n'y a qu'une interlocutrice, la directrice.
La visite de Hanta, la directrice du centre, en France en 2011, a été l'occasion de faire connaissance pour les adhérents qui ne sont jamais allés à Tana ; ce fut aussi l'occasion de nombreuses rencontres avec d'autres associations ou groupements par exemple : le Rotary de Saint-Céré qui financera ensuite l'achat d'un véhicule, des médecins, et en Loire Atlantique, des élèves de collèges, une association d'insertion, une association promouvant d'autres modes de chauffage et cuisson, ou lors d'une réunion publique à l'Espace Cosmopolis à Nantes.

Les deux parties affichent la volonté d'œuvrer à l'autonomie et donc à la réduction de la dépendance financière du centre. De nombreux projets ont été mis en œuvre (poules pondeuses, poulets de chair, vaches). Les projets émanent toujours du centre et il en est de même de la mise en œuvre. L'apport des Amis d'Handri a été pendant longtemps uniquement financier. Après certaines modifications de projets qui ont entraîné des incompréhensions, un essai de formalisation des relations entre le centre et LAH a été réalisé dans une charte de partenariat en 2009. La coopération de personnes de cultures différentes, malgré l'affichage d'ouverture d'esprit à ces différences, n'est pas toujours simple.

Ce souci de rechercher des sources de revenus complémentaires mais aussi de permettre une activité professionnelle et une installation à des familles très pauvres a amené le centre à rechercher un terrain agricole d'une assez grande superficie. Une proposition leur a été faite près de Moramanga, donc à 130 km du centre. Bien sûr, pour les investissements initiaux, il a été fait appel aux Amis d'Handri qui ont pu apporter quelques fonds mais pour un projet aussi ambitieux, d'autres sources de financement devaient être recherchées et, pour la première fois, l'association LAH a fait appel à des subventions de collectivités territoriales. Cette expérience a induit une modification des relations en accroissant le niveau d'exigence sur le contrôle de l'utilisation des fonds envoyés. D'autre part, l'association ne pouvait plus être seulement bailleur de fonds. Elle s'est impliquée dans le projet par de nombreux échanges et en incitant fortement à la recherche de coopérations techniques. Un agronome d'AVSF en mission pour une autre association s'est rendu sur le terrain.

Rapport à l'adoption

Le rapport à l'adoption est complexe pour une telle association. L'adoption a été le déclencheur de la création de l'association mais il ne correspond pas à un objectif d'action. L'association est créée pour faire quelque chose à côté de l'adoption, mais dans les mêmes lieux, et garder des contacts liés à l'adoption et, notamment, pour les enfants adoptés. Cette volonté de dissocier parrainage et adoption n'est pas simple à concrétiser. Avec l'adoption, il peut y avoir un sentiment de dette. Au travers des parrainages ou des dons ultérieurs il y a aussi le maintien d'un lien avec le pays, un lieu particulier (témoignage de reconnaissance et confirmation de l'inscription dans l'histoire de l'enfant). Dans son fonctionnement, le centre ne sépare pas toujours ses deux activités : il n'y a pas deux compteurs électriques. Dans la gestion du budget, ils ont des priorités : ils reçoivent de l'argent, ils font. Les Malgaches ne segmentent pas leurs activités comme des Occidentaux.

Le fonctionnement actuel de l'association

Les adhérents sont en majorité des « parrains » et « marraines ». En 2018, 41 enfants sont parrainés par des « familles » qui sont adhérents de droit. Il y a 18 parrainages structure. Une « adhésion » correspond à une ou deux personnes. Pour l'AG 2018, l'évaluation du nombre d'adhérents était de 135.
On constate des « cercles » d'adhérents : les parents adoptifs et grands-parents, les proches ayant un rapport étroit avec un enfant (oncles et tantes, parrains, marraines), amis et relations des membres du premier cercle, à la marge des personnes ayant fait passage au Centre. L'adhésion s'inscrit dans une relation affective.

Les assemblées générales annuelles regroupent en général une vingtaine de personnes ; celle de 2016 pour les 10 ans, plus de trente adhérents.
Le CA 2017-18 comprend neuf élus, six sont des parents ou grand-parent d'enfants adoptés et les trois autres sont des amis ; une n'est jamais allée au Centre. Il existe deux antennes départementales (Loire-Atlantique et Lot) et un groupe d'adhérents en région parisienne, LAH est donc une fausse association nationale.
Pour récupérer de l'argent, on retrouve les mêmes moyens que beaucoup d'associations : les dons individuels, la vente d'artisanat rapporté de Madagascar, les repas-concerts, etc. En dehors des parrainages, la source de financement privée la plus bénéfique est, depuis 2014, la participation à la Course des héros à Saint-Cloud (cf. chapitre 15).
Un échange de courriers entre les jeunes du centre (les plus grands) et des élèves du collège public de Trignac a été organisé et la possibilité de faire un don était proposée aux parents d'élèves à l'occasion de l'achat du kit scolaire de rentrée.

Pour LAH, pourquoi le choix de Madagascar ? Parce que l'adoption est possible et que des futurs parents ont trouvé un Centre où un travail remarquable était fait. L'ONG Handri est une « famille » et on va retrouver de l'affectif à tous les niveaux de l'action. La coopération instituée a permis une relation forte entre deux communautés.
L'association s'est développée et une de ses difficultés est que le « noyau actif » est dans trois régions de France et ne se voit qu'une ou deux fois par an. Elle essaie d'accompagner un Centre qui « gère des urgences vitales », mais est aussi dans la construction du futur à long terme.

Aidedufa

Aide au Développement Durable à Farafangana
www.aidedufa.org

Un couple de Nantais qui avait adopté deux enfants à Madagascar part en 2000 s'installer à Farafangana, une ville de

40 000 habitants sur la côte Sud-est de l'île. Ils y exercent successivement plusieurs activités : pêche artisanale, gérance d'un hôtel-restaurant, création artisanale (conditionnements pour la vente au détail de produits locaux), consultance auprès des ONG pour la logistique et par des reportages photographiques. Parallèlement, ils aident des familles défavorisées, ce qui deviendra pour eux une activité à temps plein. Pour développer cette aide, ils créent en 2007 l'association Aidedufa dont l'objet est : « assister les familles défavorisées de Farafangana dans un contexte de développement durable. »
Le premier problème qui les préoccupe est celui des enfants, nombreux et souvent non déclarés à l'état-civil, donc ne pouvant pas être scolarisés. Ils définissent leur programme en quatre points : déclaration à l'état-civil, santé, scolarisation, puis formation professionnelle. L'association devient indispensable pour passer d'une dizaine d'enfants pris en charge à une soixantaine. Ils ont également le souci d'aider à maintenir une cohésion dans les familles, qui souvent est mise à mal par les multiples difficultés rencontrées.
Avec la collaboration des interlocuteurs locaux et notamment la mairie de Farafangana, Aidedufa va mettre en œuvre progressivement un programme permettant de répondre aux objectifs. Cela se traduit par la sensibilisation et l'aide dans les démarches pour la déclaration à l'état-civil.
Dans le domaine de la santé, l'association collabore avec un médecin malgache, elle paie les consultations et les médicaments, elle soutient quatre dispensaires de brousse tenus par des religieuses et apporte une aide logistique à des ONG.
L'axe scolarisation est le plus gros poste budgétaire : constructions, frais d'écolage, équipement des écoles, uniformes, activités péri-scolaires, salaire de deux des cinq instituteurs d'une des écoles. 12 enfants étaient scolarisés en 2001, 244 à la rentrée 2015.
La formation professionnelle est organisée sous forme d'ateliers (activités traditionnelles telles que la vannerie, la couture, la mécanique, les travaux du bâtiment, etc.). Un moteur de horsbord a été fourni par la fondation Raoul Follereau. Trois jeunes sont initiés au pilotage et devraient être embauchés par WHH, une ONG allemande.

L'association a créé le Centre Sophie David qui porte le nom de l'initiatrice de l'association, décédée en 2010. Ce lieu est utilisé pour des activités diverses (réunions de parents, soutien scolaire, visites médicales). Parmi les autres réalisations : la réfection de la digue, la construction d'un château d'eau, la création d'un jardin communautaire, etc.

L'association n'a pas d'action spécifique en France si ce n'est le lien avec les parrains et donateurs. Il s'agit de l'initiative d'un couple qui a fait le choix de résider à Madagascar et de s'insérer dans la population. Les liens avec cette population sont qualifiés de « chaleureux ».

7- Apport de compétences, solidarité experte

Diégo développement 44

Microcrédit en lien avec une ONG malgache, l'ODRD (Organisation pour le Développement de la Région de Diégo) et parrainage

www.diego-developpement.org

Diégo-Développement 44 a cessé en 2018 son activité à Madagascar, considérant que les objectifs de son projet étaient atteints. Nous avons cependant pensé qu'il était intéressant de présenter cette association compte tenu de sa spécificité. D'autre part, les autres branches de la fédération Diégo-Développement poursuivent leur activité.
La structuration de cet ensemble a été évolutive. L'histoire est importante pour la comprendre.

La Fédération Diego-Développement. Évolution des structures.
La Fédération Diégo-Développement regroupait trois associations françaises et deux ONG malgaches dans le but de « coordonner leurs actions pour le développement et la lutte contre l'exclusion sociale à Diégo-Suarez » : Nantes à Brest Diégo-Développement, Diégo-Développement 44, Diégo-Développement Alsace, l'ODRD et Diégo-Développement Madagascar.
La Fédération a été créée le 9 mai 2009 à Brest et est constituée en association Loi 1901.

Le projet est né de la rencontre du Dr Le Bras avec le président du conseil général du Finistère
Le fondateur de l'association Diégo-Développement est l'ancien responsable du SAMU de Brest qui entretenait, dans le

cadre de ses fonctions, des relations constantes avec le président du conseil général du Finistère. Celui-ci lui avait exposé le très long partenariat du conseil général 29 avec la région de Diégo Suarez qui s'explique par les liens créés par les activités de la marine nationale à Brest et à Diégo-Suarez. Il a proposé en 2000 au Dr Le Bras de mettre en place à Diégo-Suarez, quand il serait en retraite, une structure de microcrédit afin de permettre un peu de développement économique et de lutter contre la pauvreté.

Le partenaire de Diego Développement, l'ODRD, est une ONG locale de Diego-Suarez

L'ODRD existe depuis 1996 ; c'était une ONG locale s'occupant exclusivement de la scolarisation des enfants très pauvres. La rencontre de M. Saïd Mze, président de la Chambre de commerce de Diégo-Suarez et président de l'ODRD avec Michel Hamon de Diégo-Développement a eu pour conséquence la transformation de l'ODRD qui a créé une nouvelle activité avec le microcrédit.
Par la suite, avec l'octroi en 2011 de la licence IMF 1 (Institution de microfinance de premier niveau), donc une reconnaissance par l'État malgache, l'ODRD s'est scindée en deux, l'IMF ODRD partenaire de Diégo-Développement 44, opérateur, spécialisé dans le microcrédit et DDM (Diégo-Développement Madagascar) qui s'occupe des parrainages d'enfants et d'un projet alimentaire.

Diego-Développement Alsace s'est spécialisée dans le parrainage des enfants

L'association Diégo-Développement Alsace a pris en charge le financement des parrainages individuels d'enfants. Plusieurs jeunes pris en charge au moment de l'apprentissage de la lecture ont obtenu leur baccalauréat et poursuivent des études supérieures grâce au suivi individualisé de la structure locale DDM Madagascar.

Diego-Développement 44 est une association spécialisée dans la formation en microfinance

L'association Diégo-Développement 44 a formé depuis 2003 l'ensemble du personnel de l'IMF ODRD aux techniques du microcrédit : sélection des emprunteurs, suivi des remboursements, formation à l'éducation financière des emprunteurs, tenue de la comptabilité d'une microfinance, etc. Le projet avait commencé dès 2001 avec un autre partenaire, « Entreprendre à Madagascar », mais à la suite de graves dysfonctionnements constatés, il a été abandonné et redémarré à partir de 2003 avec l'ODRD.

L'association Nantes à Brest Diégo-Développement

Cette association a eu comme première mission de présenter une réflexion globale sur les conditions du développement de petits emplois d'autoentrepreneurs qui seraient financés par le microcrédit. Elle a apporté sur ses fonds propres les premiers financements de la structure de microcrédit.

La démarche de Diégo-Développement 44

2001-2003 : Mise en place d'une structure de microcrédit solidaire en partenariat avec une ONG malgache. Recherche du partenaire malgache, premiers apports de fonds. Changement de partenaire en 2003, suite aux dysfonctionnements repérés chez EAM. L'ODRD devient le nouveau partenaire.

2004-2010 : Accession au statut officiel d'Institution de microfinance délivré par la CSBF (Banque Centrale de Madagascar). Recherche d'un local pour y installer l'agence de microcrédit, recrutement du premier agent de crédit, apprentissage du métier par le partenaire, apports de fonds, formation, accompagnement de l'ODRD. La licence IMF 1 a été obtenue officiellement le 22 mars 2011.

2011-2013 : Formation intensive du partenaire malgache, salariés et administrateurs.

2013 : Création en France d'une Fédération Diégo-Développement pour répartir les rôles. Les trois associations sont solidaires sur tous les projets de Diégo-Développement mais se donnent des objectifs prioritaires :

Nantes à Brest Diégo-Développement : le financement du fonds de microcrédit.
Diégo-Développement 44 : la formation aux techniques de microfinance et l'audit.
Diégo-Développement Alsace : le parrainage et la fourniture de repas pour les ménages les plus pauvres de Diégo vivant sans aucun revenu stable.
L'association organise des conférences sur le microcrédit pour de nombreux publics y compris des scolaires.
2014 : Intégration de Diégo-Développement dans les collectifs Madagascar de Loire-Atlantique et du Finistère.
2015-2017 : Évolution vers l'autonomisation complète de la structure de microcrédit mise en place à Diégo-Suarez.
Animation d'actions de formation à Diégo-Suarez, audit en 2015 pour s'assurer de la viabilité technique et institutionnelle de l'ODRD, apport des fonds complémentaires nécessaires pour un fonctionnement durable.

L'activité de Diégo-Développement 44

L'association a fait, à Madagascar, la formation des personnels en gestion de portefeuille, contrôle de gestion, comptabilité des IMF, gestion du risque et a effectué des audits. Elle a assuré aussi de la formation pour d'autres IMF à Madagascar et dans d'autres pays d'Afrique en liaison avec l'association « L'école de la microfinance ».
En France, pour se financer, outre les cotisations des adhérents et les dons, elle a participé à des ventes d'artisanat et a pu bénéficier de subventions.
Cette association est intervenue aussi dans des lycées en Loire-Atlantique et a organisé des conférences sur les thèmes du développement économique dans les pays du Sud.

Le fonctionnement du microcrédit à l'IMF ODRD

À l'origine de la coopération avec l'ODRD en 2003, il était mis en place environ 40 prêts par an. En 2014, le nombre est passé à 1500 microcrédits dans année. Un microcrédit varie entre 50 et 150 euros. Il va servir par exemple à fabriquer des vêtements qui seront revendus au marché et concerne majoritairement des femmes.

Il a existé des périodes de crises aiguës quand les taux de remboursement des crédits ne dépassaient pas 60 %. Cette situation s'est améliorée au fil des années et de la professionnalisation des agents. Il était, fin 2016, de l'ordre de 95 %, ce qui était jugé toujours insuffisant.
Les emprunteurs sont sélectionnés sur leur savoir-faire professionnel (par exemple couturière). Il ne leur est demandé aucune garantie financière, ni épargne préalable avant d'obtenir un crédit. L'ODRD fait une « simple détection des capacités potentielles des emprunteurs ». Concrètement, ses salariés vont sur place faire des enquêtes de moralité, vérifier s'il n'y a pas d'alcoolisme, etc.

La formation à la gestion des candidats pour un emprunt afin de créer une microentreprise est obligatoire avant la délivrance des fonds. Après la remise des fonds, les agents de l'ODRD continuent à former les emprunteurs par un accompagnement en particulier via l'association des emprunteurs.

À l'agence de l'ODRD, 500 personnes viennent rembourser chaque semaine (toujours en espèces) et peuvent ensuite, si le crédit est bien remboursé, obtenir un autre microcrédit. Ceux qui ne remboursent pas et sont de mauvaise foi ont leur photo affichée sur un tableau déposé près du marché. Quand les emprunteurs ont remboursé, ils se voient remettre un diplôme de bon remboursement lors d'une cérémonie. Pour beaucoup, c'est la première fois qu'ils ont un tel signe de reconnaissance public. Les familles bénéficiant de l'activité de microcrédit représentent 8 % de la population de la Région.

L'IMF ODRD

L'ODRD a maintenant 10 salariés (souvent Bac +2). C'est une ONG locale qui connaît parfaitement son terrain. De nombreux élus sont d'ailleurs au Conseil d'administration de l'ODRD dont un ancien président de Région DIANA et le président de la Chambre de commerce de Diégo, M. Saïd Mze, professeur d'université. « Rien ne se serait fait sans cette équipe locale malgache ayant un lien très fort avec sa clientèle et son marché. Ainsi, les responsables de l'ODRD sont à l'écoute de la demande des femmes pauvres et savent mieux que quiconque adapter aux besoins locaux le microcrédit avec souplesse et réactivité. »

Le présent et l'avenir : l'autonomisation de l'IMF ODRD
Diégo-Développement s'est engagée dès l'origine dans une démarche d'autonomisation de son partenaire l'ODRD. Fin 2017, considérant que l'ODRD avait les moyens de son autonomie, les financements ont donc cessé. Cette prise d'autonomie n'est pas simple. Cependant, fin septembre 2018, l'ODRD a fait son premier bénéfice. L'ancien responsable de Diégo-Développement 44, qui est retourné à Madagascar, reconnaît : « les problèmes sont la sous-productivité de l'équipe (10 salariés), la mauvaise qualité du recouvrement des échéances de crédits avec de multiples retards, et une gestion hasardeuse et sans rigueur » mais il met ses espoirs dans « une présidente du Conseil d'administration de la plus haute qualité, avec une vraie volonté et beaucoup d'implication ».

Rouge Beauté

blog http://rougebeaute.blogspot.fr

« Rouge Beauté œuvre pour le développement de micro-écoles d'arts, appliqués à la production artisanale locale réalisée par les femmes à Madagascar »

La création de Rouge Beauté : une personne, un moment, des rencontres, un réseau
Rose-Marie a fait beaucoup de voyages avec des amis. Elle va à Madagascar en 2005 et « (…) tombe amoureuse du pays. Je m'y sens bien. Je m'y sens chez moi ». Elle y retourne en novembre puis l'année suivante... sept fois en quatre ans et y fait deux rencontres déterminantes avec des femmes malgaches : Gisèle Rabesaola et Aurélie Razafinjato. Ces personnes l'interpellent car il n'y a pas d'enseignement artistique à Madagascar, « alors, quand viens-tu travailler ici ? ». R. est artiste et responsable pédagogique au Musée des Beaux-Arts de Nantes et, autre

élément déterminant, semble-t-il, c'est le moment où elle ressent une certaine lassitude dans son travail, donc l'envie de créer quelque chose d'autre ; ça tombe bien !
Le projet défini avec les amies malgaches est de former des femmes pour leur permettre d'innover dans leurs fabrications artisanales. Traditionnellement, les femmes passent beaucoup de temps dans les activités domestiques et le revenu correspondant à leur travail artisanal est faible. D'autre part, elles innovent très peu en répétant des modèles déjà produits. L'objectif est donc le développement de l'autonomie créative et financière de ces femmes.
En France, le réseau amical dans lequel figurent un certain nombre de personnes du milieu artistique est mobilisé. En octobre 2008, ils sont sept pour créer l'association Rouge Beauté.

À partir de 2009 à Madagascar

R. part en 2009 en tant que bénévole (en disponibilité de la Fonction publique territoriale). Depuis 2012, elle est sous statut VSI, mais VSI hors contrat depuis août 2018.
Elle travaille avec des femmes qui ont déjà une pratique de vannerie ou de couture ou de broderie. Elle définit son rôle d'abord comme formatrice pour « favoriser le développement créatif », ce qui n'est pas évident, compte tenu du poids des traditions. Il ne s'agit pas de dire aux femmes ce qu'elles doivent faire mais de les aider à créer à partir de ce qu'elles connaissent et en intégrant une réflexion sur l'artisanat du monde entier.
R. se charge aussi de l'achat et donc de la négociation des matières premières (raphia, tissus, etc.). Elle assure les liens avec les autorités locales et les médias, la recherche des marchés, par exemple les hôtels-restaurants. En général, dans les lieux touristiques, ce sont des produits de grossistes qui sont vendus et non ceux de l'artisanat local. Mais maintenant, des femmes malgaches participent aussi à la vente dans les hôtels. Il y a donc une volonté de rechercher d'abord des marchés dans le pays. L'exportation nécessite des compétences spécifiques et les questions de transports, de douanes, etc., la rendent compliquée.

R. entreprend donc aussi de former à la vente ; elle élabore des outils de gestion que les femmes des associations locales vont utiliser. À Madagascar, il existe de nombreuses associations, notamment de femmes. Il faut aussi répondre aux besoins de formation en culture générale, alphabétisation, informatique, français (pour la vente). L'objectif de R. est de former pour ensuite avoir seulement un rôle d'appui. Elle forme des « artisanes relais » qui vont jouer un rôle d'animatrices des groupes locaux.

Les trois sites de Rouge Beauté à Madagascar.
Rouge Beauté a fait le choix de privilégier l'activité sur le site de Majunga. Dans cette ville, le groupe s'est installé d'abord dans les locaux de l'Apostolat de la mer, les femmes étant déjà en lien avec cette structure. Des locaux autonomes ont ensuite été construits et sont utilisés depuis 2011. Rouge Beauté a contribué à sa construction et à son équipement (matériel informatique, métiers à tisser, moules à chapeaux, etc.). Une trentaine de femmes y travaillent. Seules 15 % vivent avec un mari qui gagne au moins le salaire minimum malgache. La moitié sont analphabètes ou presque. Le magasin de vente et la coopérative d'achat de matières premières sont gérés par l'association locale *Mena Tsara* (Rouge Beauté en malgache). Ces femmes ne travaillent pas sur commande. Les revenus : 1000 Ariary/heure (10 % pour la vendeuse et 10 % pour l'association locale qui gère la boutique). Les femmes viennent le lundi chercher l'argent des ventes et achètent à la coopérative les matières... et ce n'est pas dans les habitudes d'acheter à l'avance. Les vendredis après-midi sont consacrés à la formation.
R. a développé de nombreux partenariats locaux notamment avec le ministère du Tourisme, la ville, l'Office de Tourisme, le CITE (Centre d'Information Technique et Économique), des hôtels, Tourisme sans frontières, etc. ce qui a permis notamment la création d'un label « Tourisme et artisanat ».

Il existe aussi six associations de femmes de la région « Majunga hors les murs » qui viennent en formation deux fois par an pendant quatre ou cinq jours ; leurs produits peuvent aussi être vendus dans le magasin de Rouge Beauté ou sur le marché de Majunga. Une artisane relais de Majunga va régulièrement dans leurs villages.

À Fianarantsoa, R. fait de la formation pour six associations.

Dans l'île de Sainte-Marie, dans un village sans eau, sans électricité, il existe un centre dans un local de 6 m^2, avec une quinzaine de femmes. Elles sont moins disponibles car aux champs tous les jours. La matière première est le jonc, donc gratuite. Le travail sur Sainte-Marie est à développer avec les autorités locales avec le projet de construction d'une école d'art appliqué. C'est l'institutrice de l'EPP qui est porteuse locale de projet.

Pour R. les conditions de vie ne sont pas celles des autres expatriés. Ses déplacements se font en taxi brousse ; cependant, depuis 2014, elle a un scooter, pas neuf, mais mieux que la vieille mobylette. Elle a dû se mettre à l'apprentissage du malgache sinon la communication est impossible avec les femmes artisanes.

Le fonctionnement en France

En France, l'essentiel de l'activité du groupe est dans la recherche de soutien financier pour le projet de R. En 2016, il y a 65 adhérents dont 80 % de Loire-Atlantique (le réseau est sur Nantes, la Bretagne et la Vendée) mais le siège est resté en Vendée. L'association a eu des subventions relativement importantes du Conseil général 85. Avec les entreprises, par exemple la Fondation Total, il s'agit plus d'aides ponctuelles que de partenariat établi et pérenne. L'association a également obtenu des subventions d'un Rotary (qui a permis de financer des sanitaires, des grilles de sécurité, l'achat de métiers à tisser, 10 ordinateurs, la formation, etc.), du Secours populaire, d'Inner Wheel, etc., un remarquable éclectisme relationnel. Le groupe, où il y a peu de retraités, manifeste peu d'engouement pour les journées de vente qui mobilisent beaucoup de temps pour un rapport faible.

Le budget de Rouge Beauté sert en grande partie à financer la présence de la VSI. Actuellement il y a un CA de huit personnes qui se réunit en général sept fois par an. Une AG annuelle est organisée pendant la présence de R. en France chaque été. Pendant le reste de l'année les relations entre R. et la France sont régulières par Skype et le blog.

Expertise et solidarité

À l'origine, des voyages, des rencontres, le dynamisme et un contexte personnels. Un besoin et un désir qui permettent de créer une activité liée à la compétence professionnelle. Le choix a été fait de développer une activité féminine de qualité et de valoriser l'autonomie. Il en résulte une évolution remarquable du travail des femmes dont un nombre important peut en vivre maintenant mais aussi tous les bénéfices d'une formation intellectuelle. L'intervenante a su faire les apports nécessaires pour des évolutions tout en s'adaptant à la culture locale et sans être dans l'imposition. Bien sûr, la crise économique rend difficile de se projeter dans le futur.

Rouge Beauté est une des rares associations de cette taille avec une personne « expatriée »... mais pas dans les conditions de vie de beaucoup d'« expatriés ». Ceux qui font vivre l'association en France expriment ce qu'est pour eux l'intérêt d'une organisation de taille modeste : « la créativité ne se développe pas dans les trop grosses structures. L'humanité est à la base du projet de Rouge Beauté. »

8- Création d'infrastructures pour toute la population

A Better life for children (ABLFC)

http://abetterlife9.webnode.fr/

Gilles, architecte septuagénaire dit vouloir « donner un sens à (son) temps de retraite ». Il a parcouru le monde pendant 40 ans sur des chantiers, notamment pour la téléphonie mobile. Il a encadré ou dirigé des équipes sur plusieurs continents et est doté d'un intéressant carnet d'adresses car il a su garder d'excellentes relations avec ses anciens patrons ou collaborateurs qu'il met à contribution. Son objectif : « construire des projets toujours au bénéfice des enfants. »

Des projets depuis 2008

À la retraite, à 67 ans, il recherche des associations sur Internet et travaille d'abord en 2008 avec une pour réaliser un pont afin de désenclaver trois villages puis, à partir de 2010, pour construire un atelier de menuiserie et un orphelinat pour 14 enfants à Tuléar. Il bénéficie pour cela du financement de ses amis. Mais il s'avère que, dans cette association, on confond caisse associative et finances personnelles. À la découverte de malversations, G. quitte cette ONG et une association de Perpignan lui demande de l'aide, ce qui lui permettra de mettre en œuvre d'autres projets à Madagascar : un complexe scolaire en montagne, trois classes avec cantine et salaire des personnels, mais aussi un bâtiment pour les femmes, un bâtiment pour les jeunes et anciens, un jardin potager, un réservoir et l'adduction d'eau, des douches et WC avec, au préalable, deux ponts à réparer pour accéder au village.
En août 2011, à la recherche de cuiseurs à bois pour le projet de la cantine scolaire, il fait la connaissance de Rado, un biologiste qui développe des projets sur la biodiversité et est fondateur, avec son épouse, de l'ONG Miantoka.

Association créée en 2012

Rado fait des recherches près du village d'Ampasimaneva, un village « coupé de tout et qui vit dans une grande misère » (aucune voie d'accès, pas d'eau, pas d'électricité). Il existe une piste de Moramanga à Anosibe An Ala (71 kilomètres, entre quatre et sept heures) puis plus rien pour les 25 derniers kilomètres dont un fleuve à traverser de 40 mètres de large à 100 mètres en période de cyclone). Rado propose aux habitants un marché : ils arrêtent la déforestation et lui, leur promet de reconstruire le collège détruit par un cyclone en 2010. Mais évidemment, il n'a pas les fonds. Dans cette période, en janvier 2012, il passe sa thèse à Rennes et a des relations qui contactent G. et lui demandent de l'aider pour reconstruire ce collège. Pour beaucoup d'habitants d'Ampasimaneva, G. sera, en 2012, le premier « blanc » qu'ils ont vu arriver dans le village.

En 2012, le premier objectif est de reconstruire le collège. Les collégiens utilisaient une église ou les locaux d'une école primaire, donc les enfants de cette dernière ne bénéficiaient que d'un enseignement à mi-temps.

G. obtient de ses relations des dons importants. En mai 2012, il créée alors l'association A better life for children (ABLFC) et Rado crée aussi son association, Aro Velona. Ensemble, ils décident de faire une convention entre eux et le maire du village. Aro Velona est porteur du projet et assure le suivi des travaux. ABLFC est financeur et G. prend en charge la partie technique. La commune d'Ampasimaneva est associée bien sûr. Les matériaux achetés sont financés par ABLFC. Les villageois font les tranchées, ramassent le sable, font les graviers et surtout les transports depuis Anosibe An Ala. Tous les matériaux dont 600 mètres de tubes de grosses conduites, les sacs de ciment de 50 kilos, sont acheminés à pied sur les 25 derniers kilomètres. Il faudra 1800 porteurs.

L'expérience n'empêche pas les mésaventures, par exemple avec une entreprise (que G. connaissait) qui faisait les travaux du collège et qui stoppe sa participation au bout de cinq mois et disparaît (des mésententes entre les gens de l'entreprise et les villageois : ethnies différentes, relations interpersonnelles, alcool). Connaissant la lenteur de la justice, les travaux sont

terminés par l'équipe d'Aro Velona... avec un surcoût.
L'absence d'électricité est problématique mais de nombreuses chutes d'eau offrent des possibilités pour la construction d'une centrale hydro-électrique. Gilles et Rado présentent ce projet à EDF à Tana qui mandate une mission d'expertise qui valide les dossiers. EDF Help, branche humanitaire et Orange Mécénat apportent les fonds. Les travaux sont réalisés en grande partie par l'association Akamasoa du Père Pedro ; ils sont difficiles notamment pour dégager les passages pour la conduite forcée, ce qui, parfois, nécessite le dynamitage. Une turbine est emmenée par hélicoptère avec Akamasoa en mai 2014. Akamasoa a les compétences et ils sont sponsorisés par EDF qui a formé ses salariés, ils ont des entrepôts pour stocker ce qui arrive à Tamatave (leurs locaux constituent un endroit fiable et la douane ne touche jamais les conteneurs au nom de l'association du Père Pedro).
L'acheminement du matériel, depuis la France, sera l'occasion de compléter avec des fournitures scolaires, vêtements, chaussures et plus de 1500 livres donnés par une école de Pornic.

Un centre communautaire et un centre de soins avec un espace pour les femmes qui accouchent sont construits. Un médecin intervient maintenant dans ce village (il n'y en avait jamais eu auparavant), ce qui a nécessité un logement, une salle d'attente, deux sanitaires et une zone d'hébergement pour les gens de passage.
L'autre gros projet est l'accès à l'eau potable et la mise en place d'un réseau d'assainissement.
G. a été particulièrement motivé par le décès d'un enfant à la suite d'une maladie causée par l'infection de l'eau. Un partenariat est engagé avec Aquassistance (filiale de Suez environnement). Pour ce projet, ABLFC obtient l'aide de la mairie et du Crédit agricole de Pornic et des subventions du conseil général 44 et de l'agence de l'eau 44.
L'ensemble des travaux est qualifié de « titanesque » et notamment l'acheminement de matériaux par porteurs sur 25 kilomètres. Mais l'ensemble de ces projets va bénéficier à environ 2 500 habitants et pas seulement aux enfants.

Par convention signée avec le maire, ABLFC s'engage pour six ans de maintenance de la centrale. La population est associée et un comité de gestion de l'eau est mis en place. Une formation à l'hygiène est assurée. Un film sur la réalisation de la centrale a été réalisé par un adhérent chirurgien retraité et financé par EDF.

ABLFC a maintenant un autre projet en République démocratique du Congo.
En 2014, le vice-président de ABLFC France et président d'ABLFC Suisse, qui demeure à Lausanne, rencontre un moine et ils discutent de leurs projets humanitaires respectifs. G. se rend en RDC au Kasai occidental. Une autre aventure démarre et dès fin 2014, un centre de soins de jours est achevé. Puis il réalise des études sur des projets discutés avec la communauté : école, adductions d'eau, atelier de menuiserie, centre de formation, cabinet médical, etc.

L'association ABLFC
Avant qu'ABLFC ne soit créée, les amis de G. ont financé le pont, l'orphelinat, le complexe scolaire. ABLFC a été reconnue d'utilité publique dès sa création en mai 2012. Elle démarre avec 15 adhérents ; fin 2014, ils sont 51 ; début 2015, grâce au film réalisé sur le projet Ampasimaneva, ce nombre passe à 85. Les adhérents sont de nationalités très diverses (USA, Dubaï, Singapour, Australie, Corée, Canada, Inde, Russie, Angleterre, Belgique, Suisse) d'où l'utilisation de l'anglais comme langue de communication et le nom de l'association. Il faut être parrainé par un des membres pour adhérer. C'est une association de gens occupant ou ayant occupé des fonctions de responsabilité. Le CA est de cinq membres, tous bénévoles.
En octobre 2014, une association ABLFC Suisse a été créée ; elle compte 21 adhérents.
En général, G. va une fois par an à Madagascar ; sinon il gère de France, y compris les contrats de sous-traitance.
Les dons des adhérents sont très importants : plus de 36 000 euros en 2013 ; 51 000 euros en 2015. Sur la période 2012 - 2014 les investissements réalisés s'élèvent à 298 000 euros grâce à de « gros contributeurs », on l'a vu, mais aussi beaucoup d'énergie déployée : G. dit avoir contacté plus de 600

fondations. 550 n'ont pas répondu, 56 ont répondu et 8 ont donné.
Il s'agit de réalisations de projets complexes, grâce à un savoir-faire professionnel tant sur le plan technique que dans la recherche de compétences... et un remarquable carnet d'adresses.
Mais c'est une association qui repose sur le surinvestissement d'une personne, passionnée par les travaux. Pour G., c'est la continuité d'une activité professionnelle, quasi à temps plein. Il rencontre tous les interlocuteurs politiques ou techniques en France, à Madagascar ou en Belgique.
Les ingrédients : compétences, disponibilité, capital social d'une personne et des possibilités de dons exceptionnelles de la part de relations.
L'association crée peu de liens ici. Elle permet l'entretien de liens avec des partenaires du passé professionnel.
Pour les bénéficiaires, c'est une manne inespérée. Mais le texte de l'AG de décembre 2013 évoque le « passage dans un autre monde » pour ce village et « cela va sans doute un peu trop vite mais les nouvelles générations vont tirer les anciens ».

2017, 2018, poursuivre ou pas à Madagascar ?

Compte tenu des multiples difficultés rencontrées, parfois avec les partenaires, assez systématiquement avec les institutions malgaches, l'association A better life for children a envisagé très sérieusement en 2017 de cesser son action à Madagascar mais de la poursuivre au Congo. Finalement, en 2018, d'autres projets y ont vu le jour et commencent à se concrétiser (construction d'écoles, d'un centre médical, de structures de formations dans d'autres sites).

9- Des associations dans des réseaux nationaux

Dans ce chapitre sont présentées des associations structurées dans des réseaux nationaux mais avec des groupes particulièrement actifs en Loire-Atlantique. Toutes ne sont pas dans les mêmes configurations. Le lien entre le niveau national et le niveau local et donc le degré d'autonomie sont variables. Il nous a semblé intéressant de présenter les structures locales de ces groupes que l'on peut considérer comme des fédérations.
Plusieurs critères sont à considérer :

- une existence légale « locale » avec une déclaration en préfecture
- un budget propre
- l'autonomie pour le choix des actions
- la participation à des collectifs locaux.

Pharmacie Humanitaire Internationale Atlantique PHI-A 44-85

www.phiatlatique.fr

Pharmacie Humanitaire Internationale est une « organisation française caritative privée à but humanitaire », créée par des pharmaciens, au départ pour la réutilisation des médicaments non utilisés, pratique interdite depuis le 1er janvier 2009. Son but : l'accès aux soins pour les plus démunis.
Fondée le 19 juillet 2004, à la suite de l'Union Pharmaciens sans Frontières, UPSF, elle-même fondée en 1985. PHI agit en France et à l'étranger.

PHI est constituée d'associations locales, réparties dans 35 départements, avec un siège national à Saint-Amand-Montrond (Cher) et un établissement pharmaceutique à Nîmes (Gard). Le 1er janvier 2009, Pharmacie Humanitaire Internationale a reçu du ministère de la Santé la reconnaissance pour être le seul fournisseur officiel de médicaments pour la France entière à destination des centres à but humanitaire agréés par les Agences Régionales de Santé (ARS). À l'étranger, les missions sont organisées depuis les départements.

PHI-Atlantique

PHI-Atlantique est une antenne locale de PHI, comprenant les départements de Vendée et de Loire-Atlantique. Son siège est à Nantes.

Chaque année, des membres de PHI-A (pharmaciens, étudiants) vont à Madagascar.

Composée essentiellement de pharmaciens, cette association aide les centres de santé ou dispensaires privés à l'étranger à se fournir en médicaments sur place, mais elle apprend aussi aux équipes sur place à gérer leurs stocks de médicaments. Ainsi a été créé le « Cahier du Bonstock », un document dispensé à chacune des interventions de PHI-A pour mieux administrer une pharmacie.

La formation, la prévention, l'hygiène font également partie de ses missions. Les étudiants en médecine et en dentaire sont les ambassadeurs de PHI-A pour apprendre les règles primordiales de l'hygiène aux enfants et à leurs mamans.

PHI-A intervient principalement à Madagascar, mais aussi au Burkina Faso, au Cameroun et au Cambodge.

À Madagascar, PHI-A soutient de nombreux dispensaires privés dépendant de communautés religieuses, par exemple à Antananarivo, à Tsiroanomandidy et plus récemment au nouveau CHSCAA d'Andraikiba. L'association a financé à 90 % la construction de ce dernier dispensaire.

PHI-A a, comme toutes les associations locales, ses propres statuts, évidemment en conformité avec les statuts nationaux, un budget propre, un CA. Chaque association locale a son autonomie de fonctionnement et décide de ses actions.

À noter le principe de base de PHI : après étude et accord de principe d'un dossier présenté par une association œuvrant sur le terrain, elle intervient pour une durée limitée. L'objectif principal étant d'apprendre aux aidés à devenir autonomes.

ASAM Loire Océan

Aide aux Sans-Abris de Madagascar

Le site d'ASA à Madagascar : http://www.asa-madagascar.org

Il existe une structure malgache ASA et des structures françaises locales regroupées au sein d'une structure nationale : ASA-France.

À Madagascar

ASA est une ONG malgache créée par les Franciscains en 1991. Depuis décembre 2004, la dénomination de l'ASA, initialement Accueil des Sans-Abris, est *Ankohonana Sahirana Arenina* : Réinsertion de familles en grande précarité.

La réinsertion en milieu rural est l'activité principale de cette ONG.

La première démarche lors de la création d'ASA a été la recherche d'un terrain pour installer des familles de la capitale. Un terrain de plus de 4 600 hectares a été attribué par l'État en 1997 et le transfert de la première « promotion », composée de 10 familles a pu se faire le 4 août 1997. Chaque année, une vingtaine de nouvelles familles s'engagent après avoir rencontré des éducateurs de rue de l'ASA qui leur proposent une réinsertion en milieu rural pour devenir de vrais paysans sur leurs propres terres.

Un parcours de formation et d'initiation en trois ans est proposé à ces familles de sans-abris ou en grande précarité, qui sont hébergées dès qu'elles le demandent au Pré-CASA, à 17 km à l'ouest d'Antananarivo.

En début d'année scolaire, les familles sont installées au CASA1 et forment une nouvelle promotion. Les parents reçoivent une formation scolaire, sociale et agricole. Chaque famille dispose d'une petite rizière et d'un terrain potager. Après avoir fait un travail de réinsertion pendant deux ou trois

ans à Antanety et appris le métier d'agriculteur, les familles migrent dans le Bongolave, à 200 km à l'ouest d'Antananarivo, sur la concession, la ZMA, un vaste territoire de terres non cultivées d'environ 15 000 hectares que le gouvernement malgache a confié à l'ASA.
Depuis 1997, chaque année, un nouveau village d'environ 20 foyers, sort de terre. En 2016, l'ASA a construit 19 villages. L'association accompagne, désormais, près de 2500 bénéficiaires. La population des villages environnants dans les deux communes d'accueil de l'ASA, Maroharona et Maritampona, estimée à 14 000 personnes environ, peut également bénéficier de certains services. Pendant l'année scolaire 2015-2016, 1936 élèves ont été scolarisés à l'ASA sur la ZMA. Sur ce site, les familles reçoivent, avec la maison, des terres agricoles à cultiver. La surface de ces terres est de plusieurs hectares (jusqu'à cinq hectares). Chaque famille reçoit en dotation deux zébus et une charrette et est accompagnée par des conseillers agricoles que l'ASA emploie.

La réinsertion en milieu urbain

Toutes les personnes en grandes difficultés ne peuvent pas envisager de devenir agriculteurs et d'aller s'installer à plus de 200 km. C'est pourquoi ASA propose aussi une réinsertion en milieu urbain. Elle a pour cela créé dans la capitale un centre de formation artisanale (CFA), agréé par l'État en 2013, qui accueille chaque année une cinquantaine de stagiaires, pour les former en un an aux métiers de l'artisanat (broderie, couture, corne, cuir, tissage, menuiserie/marqueterie, vannerie, plomberie). L'objectif est de leur permettre de s'installer à leur propre compte comme artisan, ou bien d'avoir accès à un emploi en entreprise.
Il a également été mis en place un centre de production artisanale (CPA). Quelques-uns des stagiaires ont été recrutés par l'ASA pour créer des ateliers de production. L'objectif de ces ateliers est de permettre des activités génératrices de revenus au profit des actions de l'ASA. Les productions sont commercialisées à Madagascar et en France.

ASA en France
ASA France est une association déclarée en 2000. Elle regroupe maintenant 18 structures locales qui sont elles-mêmes des associations indépendantes.
ASAM Loire-Océan, pour la Loire-Atlantique, a été créée en 2008 à la suite de la visite à Madagascar de Joseph Brunellière qui deviendra le premier président. Il a pu découvrir ASA à Tana par l'intermédiaire des Sœurs Franciscaines.
Les actions de l'association sont classiques : vide-greniers, randonnée pédestre, concerts, vente de produits malgaches notamment du Centre artisanal de Tana. Les bénéfices sont centralisés au niveau national.
L'association organise chaque année un voyage solidaire qui permet à un groupe (4 à 12 selon les années) de visiter les centres où se déroule l'activité d'ASA Madagascar.
En plus du soutien à l'action d'ASA Madagascar, ASAM Loire-Océan contribue au parrainage collectif d'un orphelinat tenu par une religieuse franciscaine, à Anjomakely situé à 20 kilomètres au sud de Tana, un centre appelé « Cité de la Paix ».

AGIR abcd

(Association Générale des Intervenants Retraités, Action des Bénévoles pour la Coopération et le Développement)
www.agirabcd.fr

Ses adhérents sont d'origines professionnelles très diverses. Ils mènent des actions en France et à l'étranger. En France, ses axes d'action principaux sont la lutte contre l'exclusion (éducative, budgétaire, etc.), des formations en direction des seniors (par exemple au code de la route). À l'étranger, il s'agit de transferts de savoir-faire dans les domaines de l'éducation, la santé, l'agriculture, les travaux publics.

AGIRabcd fait partie de la confédération CESES (Confederation of European Senior Expert Services). Cette organisation, dont le siège est à Bruxelles, œuvre pour une meilleure utilisation du potentiel de compétences des experts seniors

bénévoles, notamment dans le cadre des programmes internationaux d'aide au développement.
Cette association a des liens étroits avec les institutions européennes et internationales (FAO, Banque mondiale). En France, AGIRabcd compte 3000 intervenants et 120 délégations, par exemple celle de Loire-Atlantique-Vendée.
Chaque délégation a son budget propre.
Une spécificité dans le fonctionnement : le délégué propose à la structure nationale son successeur qui est agréé dans un premier temps pour trois mois.

AGIR peut mettre ses compétences à disposition d'autres associations ou organismes.
Une délégation a le choix de ses projets, par exemple la délégation Loire-Atlantique - Vendée travaille avec Madagascar et la Géorgie (missions d'enseignement à Tbilissi en partenariat avec la mairie de Nantes). Elle a eu un projet hydro-agricole avec le Sénégal. Ses choix sont en fonction des compétences et désirs des bénévoles qui se proposent. Elle peut solliciter et a des subventions du conseil régional ou du conseil départemental.

À Madagascar
Un retraité qui avait vécu six ans à Madagascar rencontre un jour le consul pour le Grand Ouest qui lui propose un village qui n'a pas d'école. AGIRabcd a participé à la construction de bâtiments d'école, de latrines et de points d'eau. Ses membres interviennent pour la formation pédagogique des enseignants. Sa contribution est également dans le domaine de la santé : construction d'un centre de santé, création d'une mutuelle de santé, formation médico chirurgicale.
Deux ou trois bénévoles du département y vont deux ou trois fois par an. Pour Madagascar, le budget annuel est de 35 à 40 000 euros.

Pompiers solidaires

*www.**pompiers-solidaires**.org*

Pompiers solidaires est une fédération nationale. La délégation régionale existe depuis 2012 et a son siège à Ancenis. Pompiers solidaires Pays de la Loire a participé à un forage de puits à Madagascar à la demande du Conseil régional de Bretagne.

Solidarité Madagascar

Création

En 1994, Groupama du Maine, déjà investi dans des actions de solidarité en Afrique, réfléchit au développement de ses actions ; en concertation avec l'association des Aînés Ruraux, ils demandent au secrétaire général du groupe, originaire de Madagascar, si une telle action serait utile et possible dans ce pays. Un voyage d'étude est alors organisé. Au retour, la caisse régionale Groupama du Maine et les Aînés Ruraux (aujourd'hui Générations Mouvement) de la Mayenne, de l'Orne et de la Sarthe décident de réaliser une première collecte de fonds.
En 1995, Groupama Centre Manche et Générations Mouvement créent alors la première association locale Solidarité Madagascar. Dans les années suivantes, une quinzaine d'associations départementales ou pluri départementales Solidarité Madagascar voient le jour et, en 2004, une association nationale Solidarité Madagascar est créée. En 2015, 37 projets locaux à Madagascar sont soutenus par 15 associations locales.

Association nationale et associations locales :
Les rôles des associations locales
Chaque association Solidarité Madagascar en France correspond à une zone géographique à Madagascar dans laquelle sont conduits un ou plusieurs projets. Ce dispositif permet à chaque association locale d'avoir un projet qui lui est propre. Chaque année, un correspondant de l'association réalise un voyage d'étude à Madagascar afin de suivre le projet et d'en être le rapporteur au niveau local.

Les rôles de l'association nationale
Elle sélectionne les projets, vérifie leur cohérence avec les besoins de la population locale et leur viabilité à long terme (viabilité financière et humaine notamment) ; elle recherche à Madagascar les acteurs susceptibles de suivre les projets localement et de faire le lien avec les associations départementales. Elle accompagne aussi les porteurs de projet en France et à Madagascar (suivi juridique, conseil financier, etc.) et organise des collectes de fonds nationales.

Solidarité Madagascar 44
Solidarité Madagascar 44 a été créé en 2007 par les fédérations départementales de Groupama et des Aînés ruraux en lien avec les structures correspondantes d'Ille-et-Vilaine qui les ont « parrainées ». La proposition a été faite de soutenir une confiturerie à Manakara.
Les ventes de biscuits d'une entreprise française qui soutient toutes les associations Solidarité Madagascar sont la principale source de revenus. Depuis quelques années, la confiturerie commence à exporter ses confitures en France. Les ventes se font par l'intermédiaire des clubs de retraités et des caisses locales de Groupama. Pour le financement des travaux à Manakara, SM44 a pu obtenir une subvention de 9 000 euros de la Région : « un dossier complexe mais on a eu l'aide de l'Ille-et-Vilaine pour le rédiger. »

10- Et encore d'autres associations

Nous avons rencontré ou eu des échanges avec d'autres associations ayant leur siège en Loire-Atlantique mais qu'on ne peut pas vraiment qualifier de petites associations. Même si elles ne correspondent pas exactement à l'objet de notre étude, il nous a semblé intéressant de les présenter pour montrer les spécificités de leur intervention ou de leur rôle.

Des associations de dimension nationale dont le siège est ou a été en Loire-Atlantique

Ar Mada

www.ar-mada.fr

Ar Mada existe depuis 1999. Le siège, lors de la déclaration au JO était à La Baule.

Le fondateur est un ancien officier de marine qui avait fait des raids à Madagascar. Cette association organise des missions médicales de 15 jours dans deux sites : sur le canal des Pangalanes et sur la Tsiribine (avec, dans ce lieu, hébergement sous la tente, feux de camp). Participent à une mission, en général, une dizaine de médecins, deux kinés et le chef de mission, le plus souvent un ancien militaire.
En travaillant sur place avec des médecins malgaches, ils participent (sans le dire) à leur formation.
Les volontaires qui partent en mission paient l'intégralité de leurs frais (voyage, hébergement) soit environ 1 900 euros. Pourtant, il y a deux ans d'attente pour aller en mission. Mais partir avec Ar Mada présente des intérêts : des missions courtes (moins de problème au niveau professionnel et familial), une logistique impeccable « militaire... un peu trop parfois ». Souvent, les gens partent avec le même groupe. Moyen de se retrouver ? Plaisir de faire ensemble ? Il est possible d'emmener

quelqu'un de sa famille qui n'est pas nécessairement du milieu médical. À noter que, avec MSF par exemple, les missions sont de trois mois, indemnisées.
L'organisation actuelle d'Ar Mada semble tenir complètement sur l'investissement de son fondateur, ce qui pose le problème de la pérennité de l'association. Au delà de l'intervention médicale, l'association parraine une école religieuse, Le Nid, au sud d'Antsirabe.

Cette association est donc construite sur l'alliance ou la collaboration de retraités de l'armée et de médecins et de personnels de santé. Elle se situe dans le cadre des missions humanitaires classiques, avec la mise en œuvre de compétences professionnelles. Ils font, ils ne sont pas dans l'aide au faire des locaux.
Ar Mada sait s'entourer de partenaires en France et à Madagascar. En France, des médias ou personnages connus soutiennent : Paris Match, B. Giraudot, par exemple.
Elle tient cependant à se distinguer des grosses ONG (MSF, MdM) avec une particularité : les missions courtes et toujours dans les mêmes lieux : donc un lien dans la durée et une autre offre d'engagement.

Association des Familles Adoptives d'Enfants Nés À Madagascar AFAENAM

www.afaenam.org

Il ne s'agit pas d'une association menant des actions de solidarité internationale même si ce souci est très présent chez beaucoup d'adhérents qui sont par ailleurs militants dans d'autres associations dont certaines citées ici. Cette association dont le siège est à Nantes est un cadre de rencontres et d'échanges important.

Appel détresse

http://www.appeldetresse.fr

L'association Appel détresse a été créée en 1974 par Thérèse Tournemine, une anthropologue nantaise, personnalité charismatique et d'une énergie et efficacité remarquables, présidente pendant 25 ans. C'est ce qui explique que cette association nationale ait son siège en Loire-Atlantique.

AD a eu jusqu'à 70 sections dont certaines à l'étranger. Elle a mené des actions dans 16 pays. Actuellement les interventions se limitent à sept pays (Haïti et six en Afrique) en lien surtout avec des structures religieuses.

Le fonctionnement en France

En 2016, l'association a 948 adhérents répartis dans 19 sections locales dont cinq en Loire-Atlantique, deux en Vendée, cinq en Bretagne. La section de Nantes, créée en 2003, agit surtout pour Madagascar et un peu avec le Togo et Haïti. La section de Saint-Nazaire finance des actions dans quatre pays.

C'est le conseil national qui décide d'un « catalogue » d'actions, en réponse aux demandes formulées par les correspondants dans les pays aidés et les sections locales choisissent celles qu'elles vont soutenir. Les régions d'intervention sont donc celles où il y a un correspondant local.

Il existe des bureaux de section (validés par une AG) mais une section n'a pas de statut ni de budget propre. Le budget est centralisé au niveau national. L'association n'a aucun personnel rémunéré et ne perçoit aucune subvention.

Chaque année, la section de Nantes organise deux repas, une collecte alimentaire, un vide-grenier, une galette des rois et un concert choral. En 2016, elle comptait 112 adhérents. Elle prend en charge des parrainages. Des personnes participent aussi au tricotage de carrés de laine et à leur montage pour la confection de couvertures. Le dépôt de l'association étant à Nantes, les adhérents locaux sont évidemment mobilisés pour la manutention et le rangement du dépôt et le chargement des containers au départ de Nantes.

Les principales actions à Madagascar

AD apporte un soutien financier et envoie de nombreux containers de dons de nourriture (avec notamment la panure), vêtements, matériel scolaire, équipements professionnels (atelier menuiserie, électronique, etc.) à de nombreuses structures.

La section de Nantes est principalement engagée à Madagascar dans le financement du fonctionnement du Centre nutritionnel Appel Détresse de Tsaramasay et de l'école Nanisama de Antananarivo, en lien avec Rouans Amitié Madagascar.

L'association nationale est également engagée dans plusieurs autres secteurs à Madagascar. À Antsirabe, elle apporte une aide aux 450 prisonniers : un repas est servi chaque jour et elle fournit des vêtements et un pécule à la sortie. À Morondava, Appel Détresse a construit un Centre nutritionnel qu'elle soutient financièrement et par des envois de nourriture, vêtements, matériels, ainsi qu'un dispensaire et un « Foyer de vieillards » pour lequel elle assure les frais d'hébergement, la nourriture des pensionnaires et l'entretien du site. Appel détresse contribue également aux frais de fonctionnement d'un foyer pour handicapés et à l'amélioration des conditions de vie des prisonniers et à une aide lors de la sortie. L'association prend également en charge la nourriture des malades indigents à l'hôpital public de Morondava et des prisonniers hospitalisés.

Appel détresse est essentiellement dans l'apport de biens (beaucoup de constructions et d'envois). Seuls, les responsables nationaux vont à Madagascar. Il n'y a donc pas de liens interpersonnels créés au niveau des sections locales.

L'association pointe un problème assez sérieux : « le principal problème est d'arriver à recruter des forces vives, de préférence un peu plus jeunes, qui viennent apporter leur concours et préparer le passage de relais qui garantira la pérennité des sections » (lettre AD de juin 2016).

Appel détresse mène des actions avec d'autres associations, par exemple des envois de containers en commun. Elle soutient une école avec Rouans Amitié Madagascar et mène ou a mené des actions également avec Madagascar Solidev, Les enfants de Tsiro, Les enfants de la Grande Île.

Tamadi, une association du tourisme équitable

Tamadi est une association du tourisme équitable qui a deux salariés au siège à Nantes. Si cette association ne correspond pas exactement au cadre choisi pour cette étude, il nous a semblé cependant intéressant de la présenter brièvement.
Tamadi a été créée en juillet 2005 par des personnes qui se définissent comme des « optimistes » belges, français et maliens. L'idée était de développer un mode original de voyage solidaire. Dès son origine, le projet de Tamadi a reposé sur des partenariats avec des organisations paysannes impliquées dans des actions de développement rural. Ce sont ces partenaires qui accueillent les voyageurs dans leur pays. Le second axe du projet de Tamadi est la rencontre entre voyageurs et population locale à travers une immersion dans le quotidien. Des voyages sont donc proposés dans sept pays dont Madagascar pour, en moyenne, 170 voyageurs par an.
Les partenaires d'Afrique et d'Asie sont membres du CA et viennent en France pour l'assemblée générale annuelle. Les CA se font évidemment par conférences téléphoniques. Les autres pôles de l'association (sud-ouest de la France et Belgique) fonctionnent uniquement avec du bénévolat.

11- Les collectifs

La Maison des Citoyens du Monde (MCM)

www.mcm44.org

La MCM, Maison des Citoyens du Monde, est une structure complexe, un peu « hybride », mais centrale dans le milieu militant nantais de la solidarité internationale et des droits humains.

Création

Au milieu des années 90, des militants de l'« international » se côtoient, échangent, notamment lors de mobilisations. Deux associations vont jouer un rôle majeur dans la création de ce qui deviendra la MCM : l'Association Européenne des Citoyens (AEC) qui sensibilisait aux drames qui se jouaient dans les Balkans (la place du Commerce à Nantes avait été rebaptisée Place de Sarajevo) et Frères des Hommes (FdH) qui se mobilisait notamment sur le génocide au Rwanda. Ils sont rejoints dans un premier temps par Enfants et Réfugiés du Monde (ERM) et la CIMADE.

L'idée de base est de regrouper des acteurs de la solidarité internationale et des droits de l'homme afin que la « société civile » se fasse entendre en France et puisse réellement « peser ». L'objectif est de créer un « contrepoids citoyen » donc, pour ce faire, il faut « conscientiser » les dits-citoyens. Ces associations perçoivent aussi que les nombreuses associations de ce secteur ne se connaissent pas. Ils souhaitent donc créer un réseau. Ce regroupement visé est bien sûr un cadre structuré d'échanges et de mutualisation mais les initiateurs veulent aussi un lieu spécifique. FdH voulait d'ailleurs une « maison du Tiers-Monde ».

En 1995, un projet « Pour une Maison des Citoyens du Monde » est rédigé et soumis aux candidats aux élections municipales. Il est accepté par Jean-Marc Ayrault qui sera réélu maire.

Le 28 mai 1996, à Nantes, a lieu l'assemblée constituante avec 33 associations présentes sur 90 invitées. 21 associations adhèrent. En 1998, la MCM s'installe dans ses murs dans l'espace Graslin à côté de Cosmopolis, centre culturel international de la ville de Nantes.

La structure actuelle

En 2018, 60 associations sont adhérentes de ce collectif qu'est la MCM et il y aussi quelques adhérents individuels. On retrouve des associations de Loire-Atlantique (par exemple, celles en lien avec Madagascar : AGIRabcd, Diégo Développement, EAM Zaza Malagasy, Hetsika, Zanaka) mais aussi des antennes locales de grosses associations nationales ou internationales (OXFAM, CCFD, MRAP, etc.).

Les implications sont très variables. Selon un membre du CA : « La majorité des associations ne fait rien et quand on dit qu'une association s'implique c'est un ou deux individus de l'association. » La ville de Nantes, le conseil départemental et le conseil régional soutiennent la MCM et assurent l'essentiel de son budget. Les cotisations sont marginales. Les activités « visibles » (festival des solidarités, commissions) sont portées par des bénévoles et les salariés.

Les activités

La MCM se voulait à l'origine lieu d'échanges entre associations de la solidarité internationale et des droits humains et vitrine d'actions de la société civile.

La visibilité s'est manifestée par des événements en direction de l'extérieur, notamment les « Regards sur... parole de... » tous les deux ans à partir de 2001 et jusqu'en 2013 (2009 : Roms migrants, 2011 : Maghreb, 2013 : Inde) et l'organisation depuis 2001, des SSI (les Semaines de la Solidarité Internationale), devenues en 2017 Festival des solidarités et pour lesquelles la MCM assure la coordination régionale.

La MCM est reconnue comme coordinatrice à différents niveaux. Elle a le statut de CASI 44 (Collectif d'Associations de Solidarité Internationale). Les autres départements de la région ont un collectif CASI.

La MCM a soutenu en 2016 la création d'un COSIM (Collectif d'Organisations de Solidarité internationale Issues des Migrations) en Pays de la Loire.

Dans sa présentation sur son site, la MCM met en avant son rôle de centre de ressources au service des citoyens. Pour la documentation, elle est Centre Ritimo depuis 2004. Elle joue un rôle de relais d'information notamment par son site et son bloc-note.

La formation est une dimension importante de son activité. Il s'agit tout d'abord de la formation de jeunes qui veulent réaliser un projet à l'international. Cette formation, au-delà de sa dimension technique, permet d'approfondir les motivations de l'engagement et invite à des mises en questions. Après le retour, une mise en commun des expériences est organisée. Chaque année, une soixantaine de projets sont accompagnés lors de rendez-vous individualisés qui ont pour objectifs « d'apporter un regard extérieur au projet, de conseiller dans une démarche méthodologique et d'étude de faisabilité du projet, d'amener les jeunes à réfléchir à un engagement durable et de citoyen actif, de faciliter l'accès et la mise à disposition de ressources pédagogiques par le biais du centre Ritimo ».
La MCM intervient aussi dans les lycées, notamment à l'occasion de la semaine des solidarités internationales, mais pas seulement. Elle participe également à la formation du DEES Equisol de St Félix.

L'activité évolue, certaines actions ont été arrêtées (l'animation du pôle international aux Ecossolies, l'accueil du GREF pour des actions de formation de migrants, les rencontres conviviales de type café citoyen ou petit-déjeuner).

Dans son rapport d'activité 2016, la MCM dit « (avoir) poursuivi le renforcement de son caractère militant ». Cela s'est concrétisé notamment en relayant 10 campagnes de plaidoyer. Le rapport moral 2016 évoque la « mobilisation contre les idées de l'extrême-droite ». La MCM soutient ou a rejoint les collectifs Anti Tafta, Contre l'état d'urgence, Alep réagir et de soutien aux mineurs isolés étrangers.

La contribution au projet d'encyclopédie des migrants, initié par l'association rennaise Âge de la tortue s'est inscrit dans cette dimension. Il s'agissait de recueillir 400 témoignages d'histoires de vie de personnes migrantes en leur demandant d'écrire une lettre à un proche resté au pays. Ce projet a réuni huit villes de la façade Atlantique « du Finistère à Gibraltar ».

Une histoire complexe

La MCM est une « institution » reconnue à Nantes. Mais cette structure est complexe et parfois au cœur de contradictions. Elle a connu des débuts mouvementés avec une manifestation pour les droits des sans-papiers lors de l'inauguration en 1998. Elle a bénéficié du soutien de la municipalité, donc a été accusée de « collusion avec le pouvoir municipal ».

Elle a initié pendant la période 2012-2014 une réflexion sur son projet associatif et essayé d'analyser les causes de certains dysfonctionnements et notamment le décalage avec l'ambition d'origine, « construire des partenariats et des échanges équilibrés », la non-implication de beaucoup d'associations et le problème du renouvellement militant. La conclusion a été de se recentrer sur le service aux associations, donc, et certains le regrettent, au détriment de la visibilité par des « actions extérieures ».

Dans un article de la revue *Place Publique* en 2010, deux des fondateurs pointent notamment les problèmes des migrants, entre eux, dans leurs rapports au pays d'origine et dans la cité ici.

Un certain nombre des difficultés que la MCM affronte sont celles de beaucoup de collectifs : le risque d'autonomisation de l'association MCM par rapport à ses constituants, se vouloir structure de coordination départementale (CASI 44) mais avoir essentiellement des actions « nantaises ». Il y a aussi celles liées à l'ambition d'origine qui se traduit par l'importance du mot « citoyen ». Un ancien permanent, écrit dans un texte sur la MCM que « la citoyenneté est une notion floue ». Cette phrase mérite pour le moins débat.

En dépit de ses difficultés, dont un certain nombre sont inhérentes à son ambition et ses objectifs, la MCM joue un rôle apprécié de soutien aux associations ou aux personnes, permet une visibilité des questions internationales et joue un rôle d'interface entre les collectivités territoriales et les associations.

Casa Africa Nantes, Maison de l'Afrique en Pays de la Loire

www.casaafricanantes.org

Casa Africa Nantes est une association loi 1901 avec des adhérents individuels et des associations membres. C'est donc aussi un collectif. Ses objectifs sont locaux (régionaux), sans action spécifique en Afrique.

Pour une Maison de l'Afrique

Cette association a été créée en 2008 mais l'idée d'une Maison de l'Afrique est ancienne. Elle avait émergé après les Anneaux de la mémoire en 1992.

Son objet : « Co-construire un espace de promotion des initiatives liées à l'Afrique et visant à susciter des rencontres, réflexions, débats et prospectives sur l'Afrique. Donner de la lisibilité, de la visibilité et de la cohérence aux initiatives liées à l'Afrique ».

La concrétisation a été longue, le projet devait être mûri et les personnes intéressées n'étaient pas toutes sur les mêmes objectifs et puis, matériellement, il fallait le soutien de collectivités locales.

La visite en 2005 de la Casa Africa Brésil par Marï-Am Sao et Michel Marjolet, élu chargé de la Solidarité internationale et de la Coopération décentralisée à la Ville de Nantes a été déterminante.

L'association, officiellement créée en 2008, avait alors un premier local, modeste certes, des salariés, et pouvait mettre en œuvre ses premières actions pour commencer à réaliser ses objectifs pour une Maison de l'Afrique, être :

- une structure relais et de soutien des initiatives liées à l'Afrique
- un lieu de réflexion, de pédagogie et de ressources
- un centre culturel dédié aux cultures africaines

- un lieu d'accueil, d'informations et d'orientation
- une structure de l'économie sociale et solidaire.

Il s'agissait en quelque sorte de faire un centre culturel, comme il existe une Maison de l'Europe à Nantes.

La volonté de fédérer

Même avant d'avoir un local tel qu'elle le souhaitait, Casa Africa Nantes a cherché à jouer, sur le territoire ligérien, un rôle d'acteur relais et fédérateur, conscient de la vitalité mais aussi de l'éclatement du milieu associatif. L'insistance sur ce point était nette, par exemple dans son dossier de présentation : « De la carence des rencontres entre acteurs intéressés par l'Afrique : Il existe sur Nantes et la région une multitude d'actions à destination du continent africain, ce qui démontre l'intérêt de la population environnante pour celui-ci. Pourtant, peu d'acteurs se connaissent, partagent leurs expériences, leurs questionnements, leurs doutes. La visibilité des actions est insuffisante, notamment pour les associations issues de l'immigration. Ce manque de lisibilité, ce cloisonnement des initiatives peuvent constituer un obstacle à une réflexion pertinente et à une action de coopération efficace à terme. La Maison de l'Afrique a ainsi pour objectif de se présenter comme un lieu de mutualisation et de collaboration entre ces différents acteurs. »

Le 3 avril 2018, a enfin eu lieu à Nantes l'inauguration de La Maison de l'Afrique, une Maison qui ne veut pas être la Maison des Africains exclusivement, mais celle de tous ceux qui s'intéressent, de près ou de loin, à l'Afrique. Elle reprécise ses objectifs : remplir des missions économique, culturelle et artistique, éducative, sportive et de solidarité internationale.

Une activité essentiellement culturelle

Casa Africa Nantes est membre de la fédération des clubs UNESCO. Son président est d'ailleurs le représentant régional de cette fédération. L'association a bien sûr des liens avec des écoles. Casa Africa Nantes participe régulièrement aussi à des événements comme Nantes en francophonie, les Commémorations du 10 mai, la Quinzaine des droits de l'enfant, le Forum mondial des droits de l'homme, etc.

Chaque année, le temps fort est le festival « Casa Palabres » qui se tient autour du 11 novembre. De nombreuses conférences, tables-rondes sont organisées sur des questions d'histoire, d'éducation, de développement, de santé, etc. Des animations, concerts, films sont également proposés. Les thèmes de ces dernières années ont été par exemple : en 2015 « Énergie et développement en Afrique et dans le monde francophone », en 2016 « À la confluence des cultures », en 2017 « L'entreprenariat en Afrique et dans le monde francophone » et en 2018 « La santé et les enjeux de développement en Afrique ».

Les moyens et le fonctionnement de l'association

En, 2011, Casa Africa Nantes avait deux salariés à temps plein payés par la région sur des emplois tremplins.

En 2018, elle n'a plus qu'une seule salariée à temps partiel et une personne en service civique. La Ville est le principal partenaire financier. Cependant, les partenaires, publics principalement, sont relativement nombreux pour la prise en charge du festival Casa Palabres.

Dans le CA, ce sont principalement les adhérents individuels et non les associations qui sont les plus impliqués.

Collectif Madagascar44

Création

Ce collectif a été créé en novembre 2011 après le festival Couleurs malgaches. Il y avait bien eu une tentative de forum quelques années auparavant mais elle n'avait pas abouti. Le conseil général a incité au regroupement. Hetsika en a assuré l'animation la première année. Le collectif s'est voulu « informel », c'est-à-dire qu'il ne s'est pas déclaré en association loi 1901, avec des statuts. Il a seulement une charte. Dès le départ, son « ouverture » a été limitée : « on ouvre par parrainage ; on préfère être assez solide entre nous ».

Extraits de la « Charte du collectif « MADA » des associations de la Loire-Atlantique contribuant à l'aide au développement de Madagascar »

1- Finalité du partenariat

Plusieurs associations en lien avec Madagascar décident de :

- fédérer leurs énergies associatives, pour une meilleure connaissance de Madagascar et de ses habitants ;
- créer un collectif qui prend en compte la culture malgache comme un pilier du développement du pays aux côtés de l'économie, du social et de l'environnement. Le collectif travaille à la promotion et au développement du peuple malgache, dans le souci et le respect de son autonomie et de ses valeurs.

2- Objectifs du collectif

Le collectif se donne pour objectifs de :

- Faire connaître les associations adhérentes, leur but et leurs actions ;
- Participer au développement de Madagascar :
  – par la mise en valeur de la culture du peuple malgache ;
  – par la mise en valeur de son savoir-faire artisanal ;
  – en contribuant au développement des compétences et savoir-faire de ses habitants ;
  – en contribuant au développement de son autonomie intellectuelle et financière ;
- Favoriser les partenariats et échanges tant en France qu'à Madagascar entre les associations signataires de la charte.

3- Critères de participation au collectif

- Avoir un projet concret au bénéfice de Madagascar et œuvrer à la promotion et à la défense des droits humains ;
- Disposer d'un nombre d'adhérents dépassant le cercle familial et amical.

Évolutions

Certaines organisations présentes aux discussions dans la phase de démarrage n'ont pas concrétisé leur engagement, par exemple Le Lémurien ou Ankadibe. D'autres l'ont quitté

comme Vendée Madagascar ou Avertem qui n'a plus d'action dans la région. La volonté d'ouvrir le groupe est une préoccupation pour un certain nombre de participants, ce qui a abouti à une invitation à une réunion des organisations connues dans le département à Saint-Herblain, en avril 2016. À l'issue de cette rencontre, cinq nouvelles associations demandent à intégrer le collectif. Trois seulement poursuivront un an après.
L'importance de la dimension culturelle que l'on retrouve dans la charte est une donnée. La question peut être posée de savoir si elle une préoccupation majeure pour la majorité des associations.

Rôle et intérêt de ce collectif pour les associations
Le collectif est une forme de réponse ou de prise en compte de la multiplication des organisations. Chaque association garde une complète autonomie. C'est avant tout un lieu de connaissance mutuelle et d'échanges d'informations, d'expériences, de compétences, de savoir-faire, de contacts. Il permet des actions en commun (stands partagés, container en commun) ou des coups de main (pour l'organisation de repas, lors de voyages à Madagascar, par des transferts d'infos sur les sites ou blogs, etc.). Rose-Marie de Rouge Beauté participe à des formations pour d'autres associations, Zanaka ou Nosy Mitarika. Il permet aussi une visibilité par rapport aux collectivités territoriales.

Mais, comme tout collectif, il connaît parfois des difficultés de fonctionnement. Chacun doit d'abord faire fonctionner son association et le temps disponible n'est pas extensible à l'infini. La faiblesse du nombre de membres « actifs » par rapport aux tâches souhaitables est bien connue. Il faut aussi reconnaître que pour participer à des réunions du collectif, il faut avoir un peu une vision globale des questions débattues, se sentir légitime ; c'est une affaire de militants, pas d'adhérents lambda.

DEUXIÈME PARTIE

12- Un « espace de la solidarité internationale »

Questions de mots ?

De quoi parle-t-on ?
Une de nos premières difficultés réside certainement dans une possible confusion sur les termes utilisés. Il existe un grand ensemble d'acteurs collectifs, plus ou moins connus. On les appelle associations humanitaires ou de solidarité internationale... on les appelait tiers-mondistes. Certains vont faire des distinctions entre grandes catégories : il y aurait les humanitaires, les développementalistes, les expertes, les droits de l'hommistes... Prudence ! Ces mots sont des mots de catégories, de classification. Or, il n'y a sans doute pas de catégorie d'action « pure », « univoque ». P. Ryfman, on le verra, le remarque à propos des termes *humanitaire* et *de développement.* Tout en étant conscient que les catégories (ici d'acteurs collectifs) sont toujours des constructions (des médias, des acteurs eux-mêmes, des politiques, des universitaires, des administratifs, etc.), nous allons, dans ce chapitre, essayer de tracer à grands traits un panorama de cet ensemble aux contours flous, sans porter, a priori, de jugement de valeur[16].

---

16 Pour présenter un tel ensemble il est difficile de ne pas regrouper en « catégories », donc de définir des contours de sous-ensembles avec le risque bien connu : dans un espace, les enjeux de définition sont aussi des enjeux de légitimité

Humanitaire, solidarité internationale, développement

Une association lors de sa déclaration au JO est classée dans la catégorie « intervention sociale », puis, à la suite d'une modification mineure de statut, dans la catégorie « association caritative, humanitaire, aide au développement ». Dans un courrier des services des impôts autorisant à délivrer des attestations fiscales, il est précisé que « (l'association) possède les caractères humanitaire et social tels que définis à l'article 200-1 du CGI »... Il faut juste savoir que le mot « humanitaire » fait partie des catégories de l'administration fiscale.

Johanna Siméant[17] parle d'ONG « humanitaire et de solidarité » donc il semble bien que les deux qualificatifs ne sont pas équivalents. Au niveau de l'Union européenne, il existe deux structures différentes : ECHO (Office Communautaire de la Commission européenne) pour l'aide « humanitaire » et EuropAid pour l'aide au « développement ».

On peut donc, dans une première approximation, considérer deux grandes catégories : « humanitaire » et de « développement » mais on verra que les deux catégories ne sont pas « étanches » et qu'elles ne permettent pas de caractériser l'ensemble des actions. La notion de solidarité internationale, fréquemment utilisée actuellement, semble pouvoir recouvrir un ensemble plus vaste.

Humanitaire ?

Philippe Ryfman dans *Une histoire de l'humanitaire*[18] précise en introduction que « (le) mot (...), sa signification ou son contenu, focalise des enjeux multiples ». Il note à propos de ce concept des « exégèses hasardeuses ou des interprétations instrumentales » et en conclut : « aucune définition de l'humanitaire ne fait réellement consensus. » Mais quelque chose existe qu'il est possible de décrire. À l'origine de « l'humanitaire », il présente l'action de la Croix-Rouge en soutien aux victimes des guerres ou de catastrophes. Dans

---

17 Johanna Siméant, Pascal Dauvin, *ONG et humanitaire,* Paris, L'Harmattan, 2004, p. 9

18 Philippe Ryfman *Une histoire de l'humanitaire,* Paris, La Découverte, collection Repères, 2008

l'humanitaire, il y a les notions de porter secours dans l'urgence, de réparation, avec des « victimes » clairement identifiées. P. Ryfman, dans un article de la revue *Monde en développement* en 2013, affirme que la distinction ONG de développement vs ONG humanitaire n'est plus opératoire : « les moyennes et grandes ONG françaises se rapprochent du modèle organisationnel que nous qualifierons de « multi-mandats », présent dans d'autres pays européens, tel celui de Oxfam en Grande-Bretagne. »

A. Collovald, L. Willemez, MH. Lechien [19] considèrent les actions d'électrification des Codev comme des « missions humanitaires » donc étendent la définition.

Cette lutte pour la définition « légitime » n'est pas une subtilité d'intellectuel. Il suffit de rappeler un passage savoureux de l'excellente pièce de théâtre *Mission* de David Van Reybrouck, un auteur belge. Le vieux missionnaire, 50 ans au Congo, s'entend dire par les « humanitaires » qui venaient cinq ou six semaines « vous ne faites pas de l'humanitaire. » Il s'en amuse.

On peut noter dans tous les cas, pour les acteurs habituellement désignés par cette expression, la professionnalisation sur le terrain et dans la quête de fonds... et, pour un certain nombre, le savoir-faire médiatique.

Développement ?

Et le mot « développement » ? Les associations qui ont pour souci d'œuvrer sur le long terme et non dans l'urgence ont cet objectif. Dans nos pays, on parle d'aide au développement. Le principal acteur en France est l'AFD (l'Agence Française pour le Développement). Il existe aussi un Institut de recherche, l'IRD. Mais de quel développement parle-t-on ? Vaste débat...

Solidarité ?

Ce mot semble faire plus consensus et est employé assez systématiquement par les acteurs de terrain en l'associant à l'adjectif *internationale.*

---

19 A Collovald, L Willemez, MH Lechien, *op.cit.*

Le concept de solidarité n'est pourtant pas évident. Nous y reviendrons plus en détail dans le chapitre 16 après avoir essayé de caractériser les associations étudiées.
La notion de *charité,* connotée chrétienne, est particulièrement dévaluée dans notre société. Mais en Grande-Bretagne, un pays où les références religieuses sont intégrées aux modes de pensée, ces types d'associations sont appelées *charities.*

Les frontières sont donc floues, les acceptions sont fluctuantes selon les groupes, les personnes, les périodes. Il ne faut pas considérer comme « allant de soi » ces mots des catégories de pensée : humanitaire, solidarité internationale. Penser les mots, c'est aussi chercher à percer des enjeux.

Tiers-monde et tiers-mondisme ?
Le terme de Tiers-Monde a été utilisé pour la première fois par Alfred Sauvy dans *L'Observateur* du 14 août 1952[20]. Dans les années 70, il existait des comités Tiers-Monde, un nom caractéristique du concept politico-géographique du groupe de pays cible. Il ne semble plus pertinent au XXIe siècle.
Nous reviendrons dans le chapitre suivant sur l'histoire et notamment le basculement du milieu des années 80 qui signe la « fin du tiers-mondisme ». Une de nos interrogations sera donc de cerner comment le mouvement tiers-mondiste des années 60 et 70 s'est reconverti. On notera qu'il existait encore une revue intitulée *Tiers-Monde* [21] jusqu'à la fin 2016.

Les questions de vocabulaire sont toujours compliquées. On parle maintenant du Sud (mais sans l'Australie bien sûr), un

---

20 « Trois mondes, une planète » : « Car enfin ce Tiers-monde ignoré, exploité, méprisé comme le Tiers-état, veut, lui aussi être quelque chose. »
21 La Revue *Tiers Monde* réalisée par l'Institut d'étude du développement économique et social (IEDES) Université Paris 1 Panthéon-Sorbonne, a été fondée en 1960. Elle publiait les résultats des recherches sur le développement (approches théoriques et études de cas). Elle a pris le nom de Revue Internationale des Études de Développement, début 2017.

Sud qui englobe des pays d'Asie ou Haïti qui sont dans l'hémisphère nord. L'expression « les Suds » est d'ailleurs de plus en plus fréquente.

Associations et ONG

En France, le statut des associations est défini par la loi de 1901, sauf pour les départements de l'Alsace et la Moselle. Nous avons donc une définition juridique. Il n'en est pas de même pour les ONG, et nous utiliserons sur ce sujet, dans cette partie, des données et réflexions de l'excellent ouvrage de Johanna Siméant et Pascal Dauvin[22].

Johanna Siméant précise en introduction « il existe autant de définitions des ONG que d'organisations internationales ayant ou non la capacité de les accréditer, en fonction de leurs intérêts propres » (p. 17) mais elle ajoute « ONG sonne certes moins paroissial qu'association ».

Dans un chapitre sur l'historique de la notion d'ONG, Dorothée Meyer qualifie ONG de « catégorie juridique introuvable » qui ne peut avoir qu'une définition utilitaire, une « catégorie fourre-tout » (p. 141). Le droit international reconnaît l'existence d'entités qu'il nomme ONG mais renvoie aux droits nationaux. L'expression ONG apparaît pour la première fois en 1945 dans l'article 71 de la charte de l'ONU (ces ONG sont consultées). Leur implication dans les travaux de l'ONU est le résultat du lobby d'associations caritatives et autres, américaines notamment (p. 142).

La convention 124 du Conseil de l'Europe votée en 1986 et ratifiée par la France en 1999 est plus précise. Elle indique « à but non lucratif, d'activité internationale, avec activité dans au moins deux États... ». Il s'agit donc pour l'Europe d'une catégorie moins vaste que celle issue de la définition par l'article 71 de l'ONU.

En France, le Conseil d'État, dans un rapport de 2000, place dans la catégorie ONG « les associations, syndicats, entreprises, églises, centre de recherche et universités... ».

---

22 Siméant Johanna, Dauvin Pascal (dir.), *O.N.G. et humanitaire*, Paris, l'Harmattan, 2004

À noter que la loi malgache de 1997 définit un statut d'ONG. C'est un des rares pays où ce statut est précisé[23].

Essai de classification

Nous avons donc un grand ensemble de groupements, institutions, etc. qui sont les acteurs d'un « quelque chose » couramment appelé actuellement la solidarité internationale. Cet espace social de la solidarité internationale est extrêmement éclaté. Il existe des catégories définies par le droit, d'autres correspondent à des classifications usuelles, donc des constructions des acteurs, des médias, etc. Si on parle de « taille », il va de soi que la catégorie « petite association » est arbitraire mais il faut sans doute accepter cette part de flou.
Nous allons donc tenter une esquisse d'énumération et de classification sans prétention à l'exhaustivité.

Acteurs institutionnels « politiques »

- Ce sont d'abord des structures de l'ONU (UNICEF, FAO, FIDA...). L'UNICEF a un statut particulier avec des fonds des États et des dons privés collectés par les comités nationaux, un fonctionnement de quasi-ONG
- L'Union européenne et ses structures ECHO et EuropAid
- Les États avec, en France, la DAH (Délégation à l'Action Humanitaire) et l'AFD (l'Agence Française pour le Développement)
- Ce qui est appelé en France la coopération décentralisée, celle des collectivités territoriales, (régions, départements, villes) regroupées pour la plupart dans Cités Unies France (cf. annexe).

---

23 A propos du cadre juridique des associations et ONG à Madagascar, voir le site de l'ambassade de France http://www.ambafrance-mada.org/Le-cadre-juridique-des

Acteurs institutionnels de la « vie civile »

- Les Églises et les « missions » qui, si elles ont un objectif d'abord religieux, ne se limitent pas à ce domaine.
- Les syndicats et certaines fondations liées. On peut citer par exemple la fondation allemande Friedrich Hebert, liée au DGB, qui joue un rôle particulièrement important. Mais les grandes centrales françaises ne négligent pas la solidarité internationale : la CFDT avec l'Institut Belleville, la CGT dans le cadre de son « espace international ». Il n'existe plus depuis 2006 qu'une seule confédération internationale importante, la CSI ou ITUC (International Trade Union Confederation), qui est un outil de coopération entre les syndicats de 163 pays[24]. La Fédération Syndicale Mondiale (FSM) existe toujours mais est en très net déclin depuis la fin de l'URSS. Beaucoup de syndicats l'ont quittée.
- Les fondations d'entreprises. Et on peut noter que les grandes entreprises « émargent » aux flux de l'AFD.
- Les Écoles ou Universités. Les établissements agricoles privés de la région envoient des élèves en stage et apportent de l'aide. Tous les établissements agricoles ont un projet international[25]. Il est à noter qu'il existe une « coordination » entre établissements publics et privés de l'Académie pour cette dimension internationale. Il existe aussi un master à l'Université de Nantes en Ingénierie de Projets Européens et Internationaux [26] et un DEES Equisol [27] (Commerce

---

24 *www.ituc-csi.org.* Les derniers chiffres publiés sur son site (juin 2018) font état de 331 organisations et de 207 millions de membres

25 Sur la tradition de solidarité internationale dans le milieu agricole voir François Purseigle « Le monde paysan et les sources chrétiennes de la solidarité internationale » in Agricolianski E., Filleule O., Meyer N., (dir.) *L'altermondialisme en France, la longue histoire d'une nouvelle cause*, Paris, Flammarion 2005

26 www.univ-nantes.fr/MPIPEINT/0/fiche___formation/&RH=1183788243864&ONGLET=5

Équitable et Économie Solidaire) au lycée St Félix à Nantes (de niveau licence avec une validation européenne : six mois de cours, trois mois de stage en France et trois mois dans un pays du Sud).
Certaines écoles proposent des séjours à l'étranger dans leur cursus (voir par exemple l'école d'ingénieurs travaillant avec Le Lémurien. Il existe des possibilités de bourses sur projet pour une année sabbatique. Une grande école telle que Audencia à Nantes a tous les ans des projets et est soutenue en 2016 par le département de Loire-Atlantique pour un projet de construction d'école à Madagascar.

Associations de dimension nationale ou internationale, souvent appelées ONG (pouvant avoir des sections locales ayant une activité plus ou moins autonome). Ce sont les plus connues évidemment. Beaucoup sont de véritables « multinationales » :

- OXFAM, une des plus importantes.
- Les fondations notamment américaines (tout le monde a entendu parler de celle de Bill et Melinda Gates). Elles existent en France mais n'ont pas le même budget.
- À l'origine de « l'humanitaire », pour le soutien aux victimes des guerres ou de catastrophes, il y a bien sûr la Croix-Rouge puis son homologue le Croissant-Rouge[28].
- Agir contre la faim, Aide et action.
- Il en est qui sont liées à d'autres institutions : Caritas (Secours catholique), le CCFD et dans la « mouvance laïque » le Secours Populaire. Le Secours catholique et

27 Blog du DEES Equisol St Félix : http://www.com-equitable.fr/

28 Le Mouvement international de la Croix-Rouge et du Croissant-Rouge se compose de trois institutions internationales : le Comité international de la Croix-Rouge, créé en 1863 ; la Fédération internationale des Sociétés de la Croix-Rouge et du Croissant-Rouge, créée en 1919 ainsi que les 189 Sociétés nationales de la Croix-Rouge ou du Croissant-Rouge.

le Secours populaire sont des réseaux de bénévoles qui ne se limitent pas à l'action à l'international.

- Les associations du commerce équitable et notamment Artisans du monde.
- Les associations « de droits de l'homme » sont dans la fonction de dénonciation ou de « plaidoyer » : la Ligue des Droits de l'Homme, Amnesty International, Human Rigths Watch, Transparency international...
- Celles de soutien aux Migrants : GASPROM, GISTI, CIMADE...
- Handicap International qui soutient les personnes handicapées, victimes notamment des mines de guerre
- Les plus médiatiques sont certainement les « sans-frontiéristes », celles qui sont dans le faire expert et notamment médical pour les plus anciennes : MSF (Médecins sans frontières) ou MdM (Médecins du monde). S'il est hors de question de nier la force de l'engagement de ses membres, il faut reconnaître que le capital social des fondateurs a été déterminant dans le développement (et la médiatisation) de ces ONG, celui, par exemple des médecins du réseau parisien des B. Kouchner, R. Brauman, C. Malhuret, J-C. Rufin.
- Le « sans-frontiérisme », ne se limite pas au domaine médical et d'autres métiers pratiquent sous une forme équivalente des missions liées à leur domaine de compétence : les électriciens de ESF, les agronomes et vétérinaires de AVSF...
- Il existe d'autres structures qui peuvent intervenir en tout lieu où cela est jugé nécessaire. On peut citer, dans le domaine agricole, l'AFDI.

Souvent, à l'origine, on va trouver un fondateur charismatique d'envergure nationale par exemple l'Abbé Pierre, initiateur d'Emmaüs, qui fonde UCOJUCO qui deviendra UCODEP puis Peuples solidaires (voir chapitre 13, histoire).

Associations de taille moyenne (en France, de deux ou trois salariés à une dizaine)
Nous avons fait le choix de ne pas considérer comme « petites associations » des structures ayant plusieurs salariés en France. Souvent, ce sont des associations relativement modestes au départ qui ont su se développer grâce au dynamisme et au capital social de leurs fondateurs, à la disponibilité d'un réseau mais aussi souvent, en réinvestissant compétences et méthodes de travail professionnelles. Elles sont donc souvent à forte compétence technique. Il s'agit de ce que l'on peut appeler un « militantisme expert ».
En Loire-Atlantique, BISS, Bolivia Inti Sud Soleil, peut être considérée comme caractéristique de cette catégorie. Elle intervient dans de nombreux pays maintenant, pour l'équipement et la fabrication sur place de fours solaires ou économes à bois mais s'implique aussi dans le montage de dossiers complexes par exemple les dossiers finance carbone.
Plusieurs associations de la région pour la Guinée pourraient être rangées dans cette catégorie, par exemple Guinée 44 ou Essentiel.
Certaines ont une dimension essentiellement « politique », par exemple Survie, dans la dénonciation de la « Françafrique ».

Celles que je propose d'étudier, ces petites associations « artisanales »
Nous allons utiliser comme critère pour délimiter cet ensemble : « fonctionnant uniquement en France sur du bénévolat, éventuellement avec un/un-e- VSI ou une personne en CUI ». Ceci n'exclut pas celles qui financent des salariés dans le pays partenaire. Elles sont à recrutement local ou par réseaux de sociabilité (famille, amis). Elles ont, en général, instauré des relations suivies dans le temps avec un groupe constitué ou des personnes (à Madagascar pour ce qui est de cette étude) et sont en général dans l'aide au faire des acteurs locaux mais pas dans l'intervention directe.
Nous avons pu noter un cas de pays particulier, la Palestine, pour lequel il existe une spécificité. La solidarité se manifeste dans deux dimensions : soutien sur des projets précis et dénonciation d'Israël et des alliés (États, entreprises, etc.).

Dans cet ensemble, il existe une configuration particulière : les associations en réseau. Ce sont des structures locales fédérées dans un réseau, en général national, par exemple AGIR abcd, ASAM, Appel détresse, PHI, Solidarité Madagascar. Elles ont été présentées dans le chapitre 9. Elles ont un fonctionnement différent des organisations nationales avec sections locales ou délégations départementales ou régionales. Elles sont plus décentralisées que les ONG telles que le CCFD. Elles n'ont pas la même reconnaissance nationale ; il n'y a pas ou très peu de permanents au siège, le budget global est beaucoup moins important mais chaque structure locale peut, en général, gérer le sien et décider de ses actions.

Parmi ces petites associations, nous en avons présenté un certain nombre qui sont issues de la diaspora car elles ont une action précise dans le pays d'origine. Une étude sur la diaspora qui vient d'être réalisée par l'Organisation Internationale des Migrations pour le ministère des Affaires étrangères malgache[29] traite, entre autres questions, de ces associations. Dans les Pays de la Loire, une coordination a été mise en place en 2016 mais il existe aussi des associations qui ont une activité uniquement en France pour la diaspora.

Les ***collectifs*** d'organisations :
Les regroupements peuvent prendre des formes diverses
- collectif ou plate-forme
- associations en réseau
- structure nationale avec décentralisation dans des sections locales

Ils se distinguent par le degré d'autonomie dans le fonctionnement : existence ou non d'un CA ou bureau local, un budget propre ou non, le choix des actions, les contacts avec les partenaires, une parole publique ou non, etc.

---

29 Étude du profil de la diaspora malagasy en France, OIM, FORIM, 2016, (disponible sur le site de l'ambassade de France à Madagascar)

Une étude intéressante sur les collectifs et plate-formes a été produite par l'AFD[30]. Une constatation significative : cette étude note le peu de liens entre les collectifs nationaux (i.e. parisiens) et les collectifs régionaux.
Au niveau national, SUD est sans doute la coordination de référence. Elle regroupe six plates-formes et des ONG adhérentes directes (164 en novembre 2018). On notera que SUD utilise uniquement le vocable ONG dans sa présentation.
Parmi les autres, les plus connus :

- le réseau Ritimo
- Peuples solidaires, (membre d'Action Aid international)
- Éthique sur l'étiquette
- Solidarité laïque
- le FORIM pour les associations issues de l'immigration (un COSIM régional a été créé en 2016)
- les « collectifs pays » au niveau national. Les seuls cités dans le rapport pour l'AFD sont Haïti et la Palestine.

Au niveau régional, la Bretagne a sans doute joué un rôle précurseur avec le CRIDEV.

Dans la région Pays de la Loire, quatre départements[31] ont un collectif CASI (Collectif des Associations de Solidarité Internationale). En Loire-Atlantique, la Maison des Citoyens du Monde joue le rôle de CASI. Elle est à la fois collectif d'organisations et centre de ressources, avec des salariés payés par les collectivités territoriales. On l'a vu, la MCM est centre de ressources RITIMO et structure de formation. Elle joue donc également un rôle d'expert et bénéficie d'une sorte de délégation de service public. Mais la MCM, en tant que collectif d'organisations va au delà des objectifs des autres CASI. Il ne s'agit pas uniquement de solidarité internationale. Elle se définit comme support de défense de tous les droits qui sont considérés indissociables.

---

30 http://www.afd.fr/webdav/shared/PORTAILS/PUBLICATIONS/ONG/PDF/AFD-Rapport-SMA.pdf
31 En Sarthe, Pour une terre plus humaine

Dans le département de Loire-Atlantique, il existe donc le Collectif Madagascar, le collectif Haïti et le plus ancien et sans doute le plus structuré : le collectif Guinée. Jusqu'en 2009, le Conseil général y était présent et Guinée 44 avait une délégation de service public du CG. Il semble que le collectif Sénégal n'ait pas réussi à fonctionner.

La région Pays de la Loire avait mis en place un réseau ALCID (Acteurs Ligériens de la Coopération Internationale pour le Développement). À la suite du changement de majorité en 2015, une réorganisation s'est traduite par la mise en place en 2018 d'un RRMA (Réseau Régional Multi-Acteurs) comme il en existe dans d'autres régions. Sa structuration est basée sur quatre collèges : les entreprises, les collectivités territoriales, les associations, les établissements d'enseignement.

On a pu constater dans notre enquête aussi la création de « mini-fédérations » par exemple la fédération Diégo développement qui regroupe trois associations en France (Loire-Atlantique, Finistère et Alsace) et deux à Madagascar.

Il y a bien sûr une place particulière, dans le domaine de la solidarité internationale, pour le mouvement altermondialiste, avec notamment le collectif ATTAC en France. Un certain nombre de ses organisations membres sont citées dans les catégories précédentes. Mais les objectifs de ce mouvement vont au delà de ceux de la plupart des associations de solidarité internationale. Nous y reviendrons dans le chapitre histoire.

Les collectifs ne jouent pas tous le même rôle ; un certain nombre de collectifs peuvent exprimer une parole politique notamment sur la coopération de l'État, le rôle des multinationales, etc. D'autres ont des ambitions plus modestes et n'ont pas des préoccupations « politiques ». Le collectif Madagascar44 par exemple est essentiellement ressource pour ses membres et cadre de rencontre.

La question des regroupements est complexe. Ils sont un enjeu de pouvoir et d'identité. Pourquoi se regrouper ? Les réponses diffèrent évidemment selon les niveaux. Mais en général, ceux qui s'y essaient disent y trouver des échanges de savoirs et d'expériences, des possibilités de coups de main, éventuellement des partages de moyens et de contraintes. Ce sont aussi des lieux pour un approfondissement de la réflexion. Enfin, ils permettent, *a priori*, d'avoir un peu plus de poids par rapport aux institutions et aux médias.

Structures prestataires de services ou ressources

À Nantes, la coopérative RScop avait délégation par le conseil régional pour organiser des formations et est gestionnaire du site ALCID. Ses membres ont un passé militant dans des associations de solidarité.

Pour l'organisation d'événements associatifs, il existe au plan national des structures telles que la plate-forme Alvarum qui est à l'initiative de la Course des héros par exemple dans plusieurs villes en France.

Dans la catégorie « ressources financières » les plus connues sont les Rotary clubs ou Lion's Clubs ou pour la recherche de bénévoles, France bénévolat.

Une association de Vertou, Papiers de l'espoir, aide plusieurs associations. Elle fait de la récupération de cartons et distribue des fonds mais ne s'implique pas dans les projets ; par contre, elle les sélectionne et exige des comptes rigoureux ; elle verse annuellement environ 250 000 euros à une quinzaine d'associations pour des projets uniquement dans le domaine de l'éducation. La Banque humanitaire du Pallet organise par exemple une « tombola solidaire » et les associations qui le souhaitent en vendent à leur profit les billets.

On pourrait aussi évoquer les ***individus (ou mini-groupes informels)*** : des volontaires peuvent s'expatrier sans nécessairement avoir un lien avec une association (ou parfois un lien purement formel) mais ils peuvent bénéficier de soutien de la MCM pour la formation ou de collectivités pour le financement. Il se construit aussi des liens à l'occasion de rencontres et notamment de voyages, liens qui peuvent déboucher sur des actions de solidarité internationale sans que cela passe, dans un premier temps, par le canal d'une association.

Relations

Articulations collectivités territoriales/associations

Le Conseil régional s'est doté, en 2003, d'un outil, ALCID (Acteurs Ligériens de la Coopération Internationale et du Développement). Il est connu pour son site où sont répertoriées de nombreuses associations de solidarité internationale et où sont explicitées les ressources disponibles dans la région (dont celles des départements ou de certaines grosses villes). Ce site diffuse des informations sur les thématiques en jeu dans la solidarité internationale. Le Conseil régional organise aussi des formations. Il finançait un certain nombre de projets notamment au travers du FRASICOD[32]. Comme indiqué dans les pages précédentes, à la suite du changement de majorité en 2015, une réorganisation de ce secteur a été réalisée. Le site ALCID existe toujours en 2018 mais les subventions pour les projets ont diminué sensiblement.

Le Conseil régional n'est pas seul. Dans le département de Loire-Atlantique, une association peut avoir des subventions de la région, du département, de sa commune siège ou de l'ASCODE qui est un collectif de communes. La formation est possible avec la région et la MCM. Des journées ou soirées sur le thème de la solidarité internationale sont organisées par le département et la ville de Nantes.

Que représentent les collectivités territoriales pour les associations ? Il est évident que la première idée pour un responsable d'association est la possibilité de subventions pour ses projets. Et ce sujet est sensible.

La tendance à la baisse des subventions pour le soutien aux projets implique qu'il y a davantage de déçus. Les collectivités territoriales doivent choisir qui soutenir et éviter les abus. Elles ont en général défini des critères ; le problème posé est donc celui de l'appréciation de la pertinence des projets et de l'analyse de la conformité à ces critères. Cette question de

---

32 Fonds Régional d'Aide et de Solidarité Internationale pour la COopération et le Développement

l'évaluation *a priori* par les collectivités territoriales sollicitées pour financer amène à des interrogations sur les compétences des services pour le choix des projets soutenus (définition des critères, analyse des projets). Quelques associations nous ont dit avoir parfois ressenti - surtout avec la Région - une certaine forme d'« infantilisation ». Le dossier est comme le devoir d'examen avec au bout le succès ou l'échec et sans toujours, pour certains, comprendre pourquoi. Certaines associations reconnaissent que leur échec est compréhensible car les dossiers présentés ne sont pas toujours « solides » ou suffisamment précis et personne ne conteste la nécessité d'une utilisation rigoureuse de fonds publics. La complexité du dossier pour le Conseil régional est notée par tous ceux qui l'ont rempli ou ont essayé. Cette difficulté à surmonter est aussi ressentie comme un premier outil de « tri » et donc d'élimination de certains.

Pour les associations, la sollicitation des collectivités territoriales pour des subventions fait passer à une autre dimension et cela peut induire des changements relativement importants dans sa vie associative. La complexité des dossiers à réaliser nécessite un fort investissement en temps et est affaire de « spécialistes ». Il faut aussi passer à un autre type d'argumentation. Quand on s'adresse aux amis ou aux donateurs potentiels, les arguments font souvent appel à l'émotionnel (la misère, les enfants, les risques) et à la confiance : « nos interlocuteurs nous connaissent et nous les connaissons ; l'argent donné est bien utilisé. » Si un ami le dit, on le croit.
Quand on s'adresse à une collectivité territoriale, ce registre émotionnel est inutile. Les collectivités territoriales ont un budget (en baisse) et des demandes de très nombreuses associations. La misère n'est pas moindre au Mali, à Haïti, en Somalie et toutes les associations peuvent dire « nos partenaires sont des gens qui font un travail remarquable ». Entendu lors d'une formation : « l'instructeur du projet ne partage pas votre passion. »
Il s'agit de l'utilisation d'argent public, de tous les citoyens. Il est donc tout à fait logique qu'ils s'entourent de garanties. Une réponse positive dépend de plusieurs critères déterminants (par exemple pour un projet à Madagascar) :

- un dossier solide reposant sur une évaluation des besoins précise, et détaillant la pertinence de la réponse proposée (type de plantations, études des débouchés...)
- l'intégration de codes et/ou de normes qui sont celles des projets internationaux (donc des normes et du vocabulaire « occidentaux »)
- l'implication des collectivités territoriales concernées à Madagascar. Il faut faire le lien avec les politiques publiques à Madagascar, même floues
- l'existence de partenariats avec des garanties en France et à Madagascar
- le nombre de personnes concernées à Madagascar
- un dispositif d'évaluation
- la vie associative en France (nombre d'adhérents, actions...) et les retombées possibles du projet
- ne pas apparaître comme de simples financeurs d'un projet décidé et maîtrisé là-bas (être dans le « partenariat » et pas seulement le « don »).

Si on veut obtenir une subvention, il faut donc comprendre les cadres et accepter de jouer le jeu. L'absence de travaux de sociologie des petites organisations est sans doute préjudiciable avec, par exemple, la sous-estimation de facteurs tels que la création de liens dans la durée. Un militant associatif remarque que « des collectivités privilégient une vision ONG ».

L'accusation de clientélisme des collectivités territoriales par P. Ryfman ne nous a pas semblé évidente. Bien sûr, les relations entre élus et responsables d'associations diffèrent selon la taille de la ville mais, en général, elles apparaissent plutôt empreintes de confiance. Il est évident que les collectivités territoriales ne veulent pas être que des guichets. Le département ou la région peuvent influer au travers du financement et de la formation sur la politique des associations. On a pu noter aussi certaines initiatives pour favoriser des regroupements. Le Conseil général de Loire-Atlantique a incité à la création du collectif Mada44. La collectivité territoriale préfère avoir comme interlocuteur un ensemble un peu structuré avec qui il est possible de discuter plutôt qu'une myriade de petites structures. Inversement, les associations contribuent ou peuvent contribuer à une politique de solidarité internationale de la collectivité territoriale notamment au travers de la coopération décentralisée (voir l'exemple de Rezé en annexe).

A propos de quelques relations entre les structures politiques (Europe, État français) et les autres acteurs

Le premier soutien visible pour les associations est dans les subventions au fonctionnement et aux projets. Les plus petites associations émargent très rarement (jamais ?) aux fonds de l'Etat via l'AFD ou de l'Europe. *A contrario*, des associations de taille moyenne avec quelques salariés ont les compétences et le temps pour monter des projets suffisamment ambitieux donc avec un budget assez conséquent pour postuler aux appels à projets de l'AFD ou de l'Europe.

L'État peut faciliter la vie des associations par la réduction d'impôts pour les dons à celles qui sont reconnues d'intérêt général[33]. Il s'agit d'un soutien au rôle social d'une action qui mobilise du temps et de l'argent des particuliers. Ainsi, l'ensemble de ces associations contribue à la prise en charge de questions que les États ou les collectivités territoriales ne peuvent pas assumer seuls (misère difficilement soutenable avec ce qu'elle peut entraîner comme risque d'instabilité du monde, d'accroissement des migrations, etc.). La réduction d'impôts n'est pas une perte de revenus pour l'État. On peut donc considérer que l'État et les collectivités territoriales financent, au travers des associations, de la sous-traitance de politique de coopération et en permettant parfois plus de flexibilité et de souplesse.

---

33 Un certain nombre d'associations ne comprennent absolument pas le refus qui leur est opposé de délivrer des attestations fiscales. Mais il est à noter que la France est - semble-t-il - le pays où cette forme de soutien aux associations est la plus importante. Voir à ce sujet : Gabrielle Fack, Camille Landais, Alix Myczowski, *Biens publics, charité privée, Comment l'État peut-il réguler le charity business*, 2018, Paris, Éditions rue d'Ulm, collection du CEPREMAP

On notera quand même que la complexité des dossiers qui se veut, *a priori,* une garantie contre l'éventuel détournement de fonds publics peut exclure de fait des associations qui n'ont pas les ressources militantes (en temps ou compétence) pour les monter.

Articulation entre collectifs et certaines structures ressources et les associations

On a vu par exemple que la Maison des Citoyens du Monde avec son Centre de ressources RITIMO et ses outils de formation pouvait venir en appui pour les associations membres ou non et les individus. La MCM a donc une légitimité pour faire de la formation qui n'est pas seulement technique.
Cette reconnaissance dans un rôle d'expert face à des hommes et femmes « de bonne volonté » (incarnation d'une générosité naïve ?) est accordée par des collectivités et correspond en quelque sorte à une délégation de service public.

Est-ce que la MCM, RITIMO, Coop Dec, RScop incarnent, traduisent, une « pensée unique » de la bonne militance ?
Faire de la formation n'est jamais « neutre ». Il ne peut pas y avoir, dans ce domaine, de formation uniquement « technique ». Que des personnes ayant une expérience de terrain et une réflexion mettent en garde contre certaines illusions ou même parfois dérives peut sembler judicieux. On ne peut pas dire tout se vaut ou tout ce qui est fait est bien (cf. l'épisode de l'Arche de Zoé)[34]. Beaucoup de mises en garde contre les effets de ce qui est qualifié de *charité* et dont les conséquences ne sont pas suffisamment réfléchies sont compréhensibles. Mais la tentation du discours normatif n'est pas loin. « Faites ceci, ne faites pas cela ! ». Cette tendance peut aussi parfois se manifester dans des brochures, au demeurant souvent très intéressantes pour les acteurs de la solidarité internationale. Ces outils sont faits pour un travail pédagogique et ils s'appuient sur une expérience de terrain et une réflexion mais on peut noter qu'ils ont quelquefois du mal à sortir de cette logique « experte » avec, par

---

34 Voir aussi par exemple l'enquête de l'émission Envoyé spécial diffusée le 2 mars 2017 sur les dégâts du « volontourisme »

exemple, une prise en compte sans doute insuffisante des « effets symboliques » notamment ici, en France, ou une présentation d'outils de construction de projets comme seule méthode pertinente (arbre des problèmes et des solutions, cadre logique, par exemple), au demeurant souvent inintelligibles pour nombre de partenaires des associations au Sud.

Plusieurs questions qui sont posées ici nécessitent débat et confrontation :
Qui est habilité à (légitime pour) dire ce qui est bien ? Fruit de l'expérience, de la réflexion ?
Quels sont les cadres où se confrontent les expériences ? Où s'élabore cette pensée ?
Existe-t-il des clivages sur cette pensée de la militance ?

Un espace professionnel ?

Nous avons essayé de cerner un espace d'acteurs collectifs. On pourrait aussi décrire un espace professionnel avec des fonctionnaires, des salariés (d'associations, de collectivités territoriales, d'institutions, en CDI ou en CDD), des stagiaires, des personnes sous différents statuts de « volontaires » (VSI, service civique) et aussi des bénévoles qui font parfois le même travail, y compris en réinvestissant les savoir-faire professionnels. Tout cela implique des relations de coopération mais parfois aussi des « tensions » et donc des rapports pouvant être complexes, par exemple entre bénévoles d'associations et salariés de collectivités territoriales par rapport au financement de projets. Qui est légitime pour dire la bonne coopération ou la vraie solidarité ? D'autant plus que, parfois, ces fonctionnaires de collectivités territoriales sont d'anciens militants associatifs.

Un espace complexe

Les catégories définies pour décrire cet espace de la solidarité internationale peuvent sans doute être contestées. Pourtant il faut bien regrouper pour décrire. Souvent, les catégories sont un peu floues, celles se fondant sur la taille par exemple, taille qui

peut se mesurer au budget, ce qui recoupe souvent le clivage salariat vs bénévolat.
Est-on toujours dans la solidarité internationale ? Il nous faut revisiter le concept de solidarité (engagement réciproque ? Prévoyance ? Compensation ?). La charité est un concept dévalué qui n'est plus employé que pour disqualifier les autres. Mais la solidarité ? Dans un acte, il peut y avoir une dimension solidarité et autre chose (par exemple en contribuant au développement d'une école religieuse, il s'agit aussi de se positionner face à une concurrence et de défendre son Église).
Classer, c'est toujours se situer (donc avec un enjeu d'identité, de reconnaissance), parfois exclure (à l'intérieur de l'espace des ASI ou pour les services des impôts).

Peut-être est-il intéressant de poser la question de l'existence ou non de lieux ou de cadres où se débattent les formes de coopération, où se confrontent des visions des actions respectives, où peuvent se réfléchir des partenariats ? Des lignes de clivages ou d'axes de positionnement sont perceptibles, par exemple entre la logique de l'expert ou du technicien vs celle du « généraliste ».

Pour conclure, comment qualifier ces « petites » associations que l'on se propose de décrire ?
Associations de solidarité ? Associations de solidarité et d'amitié ? Artisanat humanitaire ou de solidarité (artisanat mais pas bricolage) ? Solidarité de communautés ? En tous cas, elles se différencient de l'industriel et des multinationales... la *Charité business* dont parle B. Kouchner.
Et leurs acteurs ? Ils se disent bénévoles plus que militants. Ils ne sont pas en général dans le « combat », la dénonciation ou l'activité « protestataire ». Ils sont plus dans le don et le faire. Jacques Godbout[35] propose d'utiliser le terme de « volontaire » plutôt que « bénévole » car bénévole signifie « non-salarié » donc fait référence au champ économique qu'il refuse de penser comme champ dominant.

---

35 Gotbout Jacques T, *Le don, la dette et l'identité. Homo donator vs. Homo oeconomicus*, Lormont, Le Bord de l'eau, coll. « La Bibliothèque du Mauss », 2013, 1ère éd., 1998

13 - Histoire

Pourquoi cette forme d'organisation de la solidarité internationale, grâce à de petites structures en lien durable avec des partenaires identifiés, se développe-t-elle à un moment donné, dans un état donné d'une société ?
La solidarité internationale n'est pas une nouveauté de la fin du XXe siècle ou du début du XXIe. La guerre d'Espagne, ce que recouvrait la notion d'« internationalisme prolétarien », les liens créés à partir de la présence de communautés religieuses, la lutte pour l'abolition de l'esclavage, le soutien aux luttes pour la décolonisation après la deuxième guerre mondiale, ont été des formes correspondant à des moments donnés de l'histoire.

Au XXe siècle, se sont développés à la fois le caritatif des « hommes et dames d'œuvre » et des formes de militantisme politique, ce qui a été appelé le tiers-mondisme, puis est venu le temps des héros professionnalisés et médiatiques, les *French Doctors*. Et, dans la discrétion, se tissaient dans les villes, les campagnes, des liens, au départ informels, qui se sont ensuite traduits par la création de nombreuses associations impliquant un nombre de plus en plus important de personnes.

Madagascar et la France

La France a créé des comptoirs à Madagascar au XVIIe siècle puis a délaissé ce territoire au profit des Îles Bourbon (La Réunion) et de France (Maurice). Elle revendique pourtant des droits à la fin du XIXe siècle. La reine est contrainte à la signature d'un traité en 1885. Puis l'armée française intervient en 1895 et Madagascar devient colonie française en 1896. Les Français développent des infrastructures mais aussi une économie axée sur l'exportation des richesses agricoles de la Grande Île.

Après la seconde guerre mondiale, l'opposition à la colonisation se renforce et atteint son paroxysme en mars 1947. La répression sera terrible et fera des dizaines de milliers de victimes (les chiffres des historiens varient de 20 000 à 100 000).
L'indépendance sera proclamée le 26 juin 1960. Le premier président, Philibert Tsiranana, est proche de la France, qui conserve de nombreux intérêts économiques dans l'Île. A partir de sa chute en 1972, les relations deviendront difficiles et ceci se confirmera lors de l'arrivée au pouvoir de Didier Ratsiraka en 1975. De nombreux Français quittent l'Île. Mais il est à noter que, quand D. Ratsiraka sera chassé du pouvoir, il se réfugiera en France. Les relations seront assez difficiles aussi avec Marc Ravalomanana et ce dernier considérera par la suite que la France a favorisé l'accès au pouvoir d'Andry Rajoelina en 2009.

Si l'on excepte une très éphémère mission à Fort-Dauphin au XVIIe siècle, le premier religieux français catholique qui arrive en 1837, est le Père Pierre Dalmont, dans l'île de Sainte-Marie. Le Père Finaz, jésuite, est à Antananarivo en 1855. Mais la reine Ranavalona I expulse les catholiques en 1857. Ils pourront revenir en 1861 à l'avènement de Radama II mais seront à nouveau expulsés en 1883.
Les Frères de St Gabriel sont présents dans l'île à partir de 1903 et les Sœurs de la Sagesse à partir de 1934 (le deuxième pays africain après le Malawi en 1904[36]).

Quelques repères sur l'humanitaire et la solidarité internationale

À l'origine de ce qui sera appelé l'« humanitaire », il y a la création en 1863 de ce qui deviendra la Croix-Rouge en 1875. L'objectif est l'intervention sur les théâtres des guerres puis l'aide aux peuples victimes de famine (Europe et Extrême Orient), souvent conséquence de ces guerres.

36 Sur Madagascar et le christianisme, on peut consulter par exemple https://books.google.fr/books?isbn=9290282118

En France, il n'existe pas d'ONG œuvrant à l'international avant la deuxième moitié du XXe siècle[37].

Les années de guerre et surtout d'après-guerre voient la création de grosses ONG telles qu'OXFAM en Grande-Bretagne en 1942 ou CARE en 1946 et World Vision (Vision du monde) en 1950 aux USA.
Les États créent l'ONU en 1945 avec ses structures telles que l'UNICEF et le HCR puis la FAO, et les programmes PAM, PNUD.
En France, en 1945, le Secours rouge (créé en 1923) devient Secours populaire français ; en 1946 est créé le Secours catholique ; en 1953, les Compagnons d'Emmaüs et, en 1956, un Comité d'aide qui fédère des organisations d'enseignants et des acteurs de l'éducation populaire ; ce comité deviendra Solidarité laïque.

Dans les colonies, dans ces années d'après-guerre, la santé et l'éducation sont prises en charge par la médecine coloniale et les missionnaires (dans la deuxième moitié du XXe siècle, les congrégations religieuses sont très présentes dans le domaine de l'éducation).
Entre 1958 et 1962 de nombreux pays accèdent à l'indépendance. Une nouvelle ère peut s'ouvrir. Pendant toutes ces années, des volontaires participent à la formation de partenaires, notamment dans les pays d'Afrique.

Au début des années 60 se créent en France des organisations qui vont connaître un développement important : le CCFD en 1961 et Frères Des Hommes en 1965.

Entre 1967 et 1970, a lieu la guerre du Biafra, au sud-est du Nigéria. La prise en charge des victimes (guerre et famine) notamment par des médecins français va être à l'origine de quelque chose de novateur. Sortir de la paralysie que provoquent les règles de la Croix-Rouge et sa « neutralité » et de l'impuissance des structures onusienne est un impératif pour

---

37 Ph. Ryfman, *op.cit.*, p. 42

ceux qui, en 1971, vont créer MSF (Médecins Sans Frontières). En 1980, MSF connaîtra une dissidence avec la création de Médecins du Monde (MDM).

A partir du milieu des années 70, les créations d'associations s'accélèrent et parfois des regroupements s'opèrent :

- 1974 : Artisans du monde (créé par UCODEP, ex UCOJUCO né à la suite de l'appel de l'Abbé Pierre)
- 1976 : le CRID
- 1979 : Agir contre la Faim (ACF). Au départ, axée sur le développement, cette ONG passe en 1989 à l'intervention en situation de crise
- 1982 : Handicap international
- 1983 : UCODEP fusionne avec le Mouvement 1% pour créer Peuples solidaires
- 1985 : les centres de documentation se fédèrent dans RITIMO
- 1994 : création de la coordination SUD.

Au niveau de l'édition, on notera la création de l'Harmattan en 1975 et de Karthala en 1980.

Dans la presse spécialisée, *Le Monde diplomatique* publie son premier numéro en 1954. Il s'intéresse particulièrement à l'actualité de l'Afrique, l'Asie et l'Amérique latine et son orientation sera désignée par l'expression « tiers-mondiste ». *Croissance des Jeunes nations* voit le jour en 1960 dans le groupe de presse de *La Vie catholique*. CJN devient *Croissance* en 91 puis *Alternatives internationales* en 2002 ; cette revue cessera de paraître en décembre 2015.

Au niveau local, dans de nombreuses villes, des structures qui s'appelaient comités ou collectifs Tiers-monde existaient dans les années 70. Elles n'étaient pas déclarées en associations dans le cadre de la loi de 1901 mais elles pouvaient être reconnues par les collectivités et notamment les municipalités. Ces comités Tiers-monde produisaient un discours de dénonciation : dénonciation de l'apartheid en Afrique du Sud (avec le boycott

des oranges Outspan), dénonciation de la Coupe du monde de football en Argentine, mais aussi promotion d'« expériences » comme le socialisme Ujamaa de Julius Nyerere en Tanzanie. Ces groupes avaient un objectif affiché de « conscientisation » et aussi d'interpellation des puissances publiques par exemple contre les ventes d'armements ; ils n'étaient pas dans l'aide directe.
Ces groupements vont progressivement disparaître (cf. l'exemple de La Chapelle-sur-Erdre ci-dessous).

Puis, à partir du milieu des années 80, naissent les plus anciennes associations que nous avons rencontrées dans notre enquête : AME 1985, ASEM 1986, APEM 1987, Lémurien 1994. Qu'est-ce qui se passe dans ces années-là ?

Tiers-monde et « tiers-mondisme »
La « crise » des années 80[38]

Nous avons rappelé que le terme *Tiers-Monde* est dû à Alfred Sauvy dans un article de *L'Observateur* du 14/8/1952. À la fin des années 60 et dans les années 70 (donc dans l'après mai 68) existaient un certain nombre de mouvements de solidarité avec le « Tiers-monde ». Cette mouvance était très diverse dans ses formes, puisqu'elle rassemblait des grosses associations et de petits groupes locaux, et dans ses modalités d'action. Il y avait cependant une relative unité de vision du monde. Son cadre de pensée : les droits de l'homme, des références marxistes (mais une opposition au réel soviétique) et chrétiennes (notamment avec le souci d'une solidarité universelle). Les marqueurs de son discours : la responsabilité de la colonisation, la dénonciation de l'impérialisme occidental qui se manifeste par le pillage des ressources, le soutien aux luttes de libération (Vietnam, Amérique latine, etc.).

38 Sur ce thème, voir notamment l'article de Maxime Szczepanski-Huillery « L'idéologie tiers-mondiste, constructions et usages d'une catégorie intellectuelle en crise » *Raisons politiques* 2005/2 n° 18

On y retrouve beaucoup de militants de gauche et d'extrême gauche et on peut noter l'importance, au moins intellectuelle, du PSU et de la « deuxième gauche ». Dans la presse et l'édition, les vecteurs sont notamment *Le Monde diplomatique*, *Croissance des jeunes nations*, *Témoignage Chrétien*, les Éditions Maspero et L'Harmattan, etc.
Cette période est aussi marquée par l'émergence du « sans-frontiérisme » avec notamment MSF (et ses ruptures).

A partir du milieu des années 80 (surtout 85-87) va naître et se développer une critique du « tiers-mondisme » qui va amener des tensions, scissions, ruptures. Dans la sphère intellectuelle et médiatique, la dénonciation est d'abord celle du livre de Pascal Bruckner, *Le Sanglot de l'homme blanc,* en 1983 puis un colloque au Sénat en 1985 avec la création de l'association Liberté sans frontières. Rony Brauman parle du « déclin des idéologies, (...) abandon des messianismes rédempteurs (ni tiers-mondisme, ni cartiérisme ». Le Cambodge vient de vivre un horrible génocide au nom d'une prétendue libération. La faute de l'Occident ne suffit plus comme explication et l'unité politique du Tiers-monde est perçue comme un mythe. Sont particulièrement visés le CCFD, le CFCF, les associations du CRID et des journaux ou revues comme *Le Monde diplomatique* ou *Croissance des jeunes nations.* Ce discours est abondamment repris par les médias de droite. En réponse, bien sûr, il y aura un numéro spécial du *Monde diplomatique* en 85 et de nombreux débats dans *Croissance des Jeunes Nations.*

Il est difficile de dire ce qu'ont été la perception et l'appropriation de ces débats « parisiens » et leurs répercussions sur les groupes locaux. Mais un espace s'ouvrait. On peut douter que ces comités locaux aient été étudiés. Nous pouvons relater rapidement, comme exemple, la fin du Comité Tiers-monde de La Chapelle-sur-Erdre (44) d'après les récits d'anciens membres.
Des militants de ce comité se retrouvaient aussi dans de nombreuses associations locales. Ils organisaient des débats et faisaient des actions ponctuelles en fonction de demandes précises de personnes connues dans ce réseau militant : finance-

ment d'une barque pour des pêcheurs du Chili, soutien à des paysans du Nicaragua, etc. Puis, à La Chapelle, des associations ou, au départ des groupes informels, avec un lieu d'intervention précis se sont créées (Nicaragua, Rwanda, Bénin, Sénégal). Le CTM les aidait en organisant des actions, en mobilisant des associations culturelles locales. Il essayait de faire le lien mais ses effectifs s'amenuisaient. À quatre, ils décident d'arrêter après la « semaine africaine » de 1998.

L'unité du Tiers-monde est alors perçue comme un mythe, une impasse intellectuelle. Il n'y a plus « un » Tiers-monde. D'ailleurs, de plus en plus, les BRICS[39] se développent et le deuxième monde (communiste) s'effondre. Le mot n'est plus pertinent. C'est la fin de l'idée de Tiers-monde.
La structuration dans des comités Tiers-monde n'est plus mobilisatrice. Le moment est donc propice pour un basculement des formes de concrétisation de la solidarité. Si certaines structures (les grosses ONG) vont poursuivre leurs activités, deux formes nouvelles peuvent émerger. La première est bien connue et souvent présentée comme héritière de l'idéologie Tiers-mondiste : c'est le mouvement altermondialiste[40].
Pour d'autres acteurs qui ont le souci d'actions concrètes, le discours de dénonciation ne suffit plus. Il leur faut un lieu précis d'implication : cela va se traduire par la spécialisation des soutiens, au peuple palestinien, aux paysans du Nicaragua, pour les enfants du Rwanda et dans de multiples petites associations.
Nous avons donc deux directions opposées : localisation vs globalisation, ce qui n'interdit pas à certains de participer aux deux formes d'actions.

Il y a sans doute plusieurs catégories d'héritiers du « tiers-mondisme » : deux sont connues des médias et des chercheurs : le mouvement altermondialiste et les grosses associations et

39 Brésil, Russie, Inde, Chine, Afrique du Sud
40 Voir Agricolianski Eric, Filleule Olivier, Meyer Nona, *L'altermondialisme en France, la longue histoire d'une nouvelle cause*, Paris, Flammarion, 2005 et notamment le chapitre « du tiers-mondisme à l'altermondialisme, genèse(s) d'une nouvelle cause ».

notamment les « sans-frontiéristes ». Nous pensons qu'il en existe une troisième catégorie, constituée de la multitude (peut-être 30 000) de petites associations, un ensemble hétéroclite, non organisé, qui ne s'embarrasse pas d'idéologie, idéaliste et pragmatique, mais qui joue un rôle important ici et là-bas. On peut se poser la question : en quoi sont-elles héritières du « tiers-mondisme » ? Bien sûr, chacune met en œuvre une solidarité dans un cadre très limité d'où peut-être une solidarité « fragmentée » ; elles n'ont pas la disponibilité tous azimuts de MSF mais elles s'appuient sur une même sensibilité, elles bénéficient souvent, elles aussi, de la reconversion de savoir-faire militants. Les héritiers ne partagent pas tout de leurs ancêtres, la filiation ne produit pas que des clones. Ces petites associations font leur bout de chemin dans une société où la force des idéologies s'est réduite.

Du côté de l'État français

L'État peut jouer un rôle sous des formes très diverses, d'abord par la coopération d'État à État, ensuite au travers du soutien aux ONG par le biais de l'AFD. Les petites associations émargent rarement à ces dotations du fait de la complexité des dossiers et des montants relativement faibles des budgets de leurs actions. Ce rôle de l'État a évolué dans le temps.

La loi

La loi peut être un outil de soutien aux différentes formes de coopération, par exemple la loi L87-571 du 23/07/1987 pour le développement du mécénat.

Pour ce qui est de la coopération décentralisée, nous avons déjà cité la loi Oudin-Santini du 9 février 2005, qui permet aux communes ou collectivités d'affecter jusqu'à 1 % de leur budget à des actions de coopération et de solidarité dans le domaine de l'eau et la loi Thiollière du 2 février 2007 qui a fixé les règles générales de « *l'action extérieure des collectivités territoriales et de leurs groupements* ». Ces lois avaient été élaborées suite à un jugement du tribunal administratif de Poitiers (Charbonneau-18 novembre 2004) qui avait mis en relief l'insécurité juridique du dispositif alors en vigueur. Le juge avait annulé deux subventions d'une collectivité territoriale pour la construction d'un collège burkinabé et pour l'aide à un service d'incendie malgache au motif que ces opérations ne pouvaient être regardées comme « répondant à des besoins de la population locale ». Peu après, un jugement du tribunal administratif de Cergy-Pontoise (Préfet de Seine-Saint-Denis du 25 novembre 2004) annulait une délibération d'un conseil municipal octroyant une subvention à une ONG opérant dans un camp de réfugiés palestiniens, au motif qu'elle ne présentait pas d'intérêt local.

Les structures étatiques de coopération

A partir de 1965 est mis en place au ministère des Affaires étrangères un service de liaison avec les ONG. En 1988, est créé un Secrétariat d'action humanitaire rattaché au MAE qui deviendra la Délégation à l'Action Humanitaire (DAH) en 2002.

Les réductions d'impôts

Cette disposition est certainement l'aide de l'État qui apporte le plus aux associations qui peuvent en bénéficier. Elle se limite aux dons, cotisations (sans contrepartie) et aux frais des membres liés au fonctionnement des instances.

Au début des années 80, les sommes versées aux associations reconnues d'intérêt général ou d'utilité publique sont déductibles des revenus dans la limite de 1 % pour les premières et 2% pour les secondes. Un changement important intervient pour la déclaration des revenus 1989. La déduction sur les revenus est remplacée par une réduction d'impôts correspondant à 40 % du don. Ce taux passera à 50 % pour la déclaration de revenus 1996, 60 % pour les revenus 2003 et 66 % pour les revenus 2005. Des évolutions sur le maximum pouvant être pris en compte interviendront aussi à plusieurs reprises ; ce taux passera par exemple à 6 % pour la déclaration des revenus 1999.

On ne peut pas dire que cette déduction d'impôts explique à elle seule la décision de donner mais elle est utilisée pour motiver les donateurs potentiels. Elle peut donc contribuer à la transformation d'un groupe informel en association déclarée.

Elle peut aider à élargir le cercle initial en permettant de dépasser certaines réticences.

Les mutations d'une société

Des mutations de nos sociétés ont certainement joué un rôle important dans le développement des associations. En premier lieu, sans doute, le développement des voyages dans des pays lointains. Le voyageur est une autre image de l'acteur potentiel. Le « Blanc » n'est plus le colon ou le missionnaire mais le « riche » et, pour certains, le « proche » qu'il peut souhaiter être. Et à la télévision, d'Afrique ou d'ailleurs, on peut voir son cadre de vie[41]. Ce voyageur est celui dont on peut attendre quelque chose puisque l'on n'attend rien de l'État sur place. C'est une autre forme de la mondialisation, avec ce que cela comporte de choc des univers culturels mais aussi d'hybridation des cultures.

Les nouvelles formes de communication notamment par Internet (téléphone, mails, etc.) facilitent aussi les relations entre ici et là-bas et même ici, dans la vie des associations (plusieurs citent par exemple les CA par conférence téléphonique).

Il faut sans doute aussi considérer pour ces 30 dernières années l'évolution des disponibilités personnelles.

Enfin, les transformations des cadres « idéologiques » peuvent aussi être envisagées comme une des clés d'interprétation des mutations des formes d'engagement dans le domaine de la solidarité internationale, comme dans d'autres domaines. On a coutume de dire que les années 80 marquent la fin des idéologies. Après les années 60 et 70 où, pour une partie de la population (la frange militante), « tout est politique », est venu le temps des désillusions. Les révolutions chinoise, cubaine ou la victoire contre « l'impérialisme américain » n'ont pas produit les sociétés idéales. Il est devenu difficile de croire au Grand Soir. Les discours critiques ne changent pas le monde. Place au pragmatisme ! Cette évolution est indéniable mais elle est sans

---

41 Cf. B Badie *Nous ne sommes plus seuls au monde. Un autre regard sur l'ordre international*, Paris, La Découverte, 2016, p. 85

doute à utiliser avec prudence [42] comme facteur explicatif universel... d'autant plus qu'il est une difficulté évidente avec la polysémie du mot « idéologie ».

Une forme de solidarité à un moment donné

Avec la TV, Internet, les voyages, la mobilité professionnelle, etc. notre « monde » s'est élargi et, avec lui, l'espace de la solidarité. La « société civile » se sent de nouvelles responsabilités. Elle doit pallier les carences des structures étatiques ou au moins compléter ses actions, prendre le relais de la coopération institutionnelle et des communautés religieuses ou, pour ces dernières, les soutenir.
Le militantisme expert en est une des formes mais qui existe depuis longtemps, dans les domaines de la santé, de l'éducation, de l'agriculture et était notamment l'œuvre des coopérants[43].
Des ONG nées dans les années 60 à 80 jouent un rôle important mais ne sont pas exemptes de critiques et ne satisfont pas tous les acteurs potentiels. Et ces derniers sont nombreux, pour des raisons diverses d'ailleurs. Parmi celles-ci, on peut citer la disponibilité par désinvestissement d'autres sphères d'activités militantes, la lassitude de certains pour les formes limitées à la dénonciation. Beaucoup souhaitent avoir un impact tangible. Pour agir, d'autres communautés (réseaux relationnels) peuvent être activées : ce n'est plus seulement la paroisse, le village, le quartier.
À cela s'ajoutent des dispositifs de l'État tels que l'évolution des déductions fiscales pour les dons qui favorisent le transfert de la solidarité vers les acteurs privés.

---

42 Voir par exemple Sylvie Ollivault, Ces militants sans idéologie politique : comment saisir les mécanismes de l'engagement désillusionné ? Communication au Congrès de l'Association Française de Sciences Politiques, Grenoble, 2009. Voir sur le site de l'AFPS.

43 Voir par exemple Durand Paul, *On ne revient jamais de Madagascar,* Paris, Karthala, 2002

14 - Sur le nombre d'associations et leurs moyens

Nombre d'associations

Cette recherche sur le nombre d'associations ne peut être évidemment que celle d'un ordre de grandeur. Dans un second temps, nous essaierons de faire quelques hypothèses sur des différences constatées entre pays.
En préalable, il faut bien sûr rappeler que la catégorie « petite association » est arbitraire. De plus, un certain nombre ont des branches, ramifications dans les autres départements, éventuellement des connexions avec d'autres pays.

Madagascar et la Loire-Atlantique (voir, pour la méthode de recherche, la note en annexe)
La recherche a été faite en avril 2016, d'abord à partir des annonces sur le site du JO puis sur les sites des Conseils régional et départemental. Les rencontres lors d'événements publics, la presse locale, les connaissances des membres des associations du collectif Mada 44 ont permis de compléter le fichier et d'aboutir à un repérage de 101 associations dont 47 ont leur siège à Nantes. Mais ceci ne signifie pas qu'il y ait plus de 100 associations de solidarité avec Madagascar actives en Loire-Atlantique.

Combien sont-elles ? Mais d'abord, qu'est-ce qu'une association en activité ? Selon quel critère apprécier cette activité ? Nous avons essayé de voir lesquelles menaient des actions dans un cadre collectif (réunions, actions publiques, contacts).
A partir de ce travail de recherche, on peut considérer que sur ces 101 associations répertoriées, entre 55 et 60 avaient, en 2016, une activité. Peut-être, certaines associations ont-elles, délibérément ou non, fait le choix de la discrétion. Elles ont pu

échapper à l'observation, notamment celles dont les acteurs sont plus âgés et peu ou pas « connectés ».
Si on rapporte un nombre de 57 à celui des annonces sur le site du JO (83), on obtient un quotient de 69 %. On estimera donc pour une évaluation globale que le nombre d'associations actives correspond environ aux 2/3 du nombre d'annonces au JO.

Des créations plus rares ?
Des évolutions semblent se dessiner depuis quelques années. En utilisant les annonces du JO, on constate que, dans la période 1997-2007, il est créé en moyenne 3,7 associations par an en Loire-Atlantique en lien avec Madagascar. Ce chiffre croît dans la période 2008-2012. Pendant ces cinq années, la moyenne annuelle est de 5,4 créations puis, à partir de 2013, il chute à 2 en moyenne. Une seule nouvelle association est créée en 2016, trois en 2017, deux en 2018. Est-on arrivé à un palier ? Est-ce que d'autres éléments de conjoncture peuvent expliquer cette inflexion ? Il faudra suivre ces évolutions.

Extrapolation pour la France des associations Madagascar
Voir tableau annexe (relevé du 4/4/2016)
Est-ce que la Loire-Atlantique est un cas particulier, compte tenu de son histoire, de sa sociologie ? On pense évidemment à la tradition catholique et aux congrégations religieuses qui en sont originaires et qui sont très présentes à Madagascar. La comparaison à partir du critère des annonces du JO avec des départements de taille comparable et avec une grande ville (Gironde, Haute Garonne) ne montre pas d'écarts significatifs.
L'Alsace et la Moselle n'ont pas pu être prises en compte car la loi de 1901 ne s'y applique pas.
Si on part de l'hypothèse que le nombre d'associations en activité est de l'ordre des 2/3 du nombre des annonces obtenues sur le site du JO à partir du nom du pays, on obtient pour la France entière et pour Madagascar, 3,4 associations pour 100 000 habitants, ce qui est le chiffre pour l'ensemble des Pays de la Loire. Ce nombre est de 4,1 pour la Loire-Atlantique, de 4,3 pour la Gironde, de 4,8 pour la Haute Garonne. Il est de

4 pour la Vendée et entre 2,3 et 2,8 pour les trois autres départements des Pays de la Loire.
Nous arrivons donc à une estimation d'un peu plus de 2 000 associations en lien avec Madagascar en France.

Extrapolation pour les autres pays
Les liens avec les autres pays d'Afrique de langue française hors Maghreb sont importants et souvent équivalents. Le classement du nombre d'annonces sur le site du JO des associations pour la Loire-Atlantique, par pays, donne :
1) Sénégal 2) Madagascar 3) Cameroun 4) Guinée 5) Burkina Faso.
Si on considère que le nombre d'associations actives correspond environ aux 2/3 du nombre d'annonces au JO on obtient pour la Loire-Atlantique 2,4 associations pour un million d'habitants à Madagascar. Ce ratio est de 1,4 pour l'ensemble des 21 pays d'Afrique subsaharienne qui font partie de l'OIF, Organisation Internationale de la Francophonie, mais il est de 4,9 pour le Sénégal.
Donc Madagascar est sur-représenté mais moins que le Sénégal, le Togo, le Bénin ou la Guinée. La part de Madagascar en Loire-Atlantique est donc de 14 % (soit environ 1/7) dans l'ensemble de ces 21 pays de l'OIF.

Dans les pays qui ne font pas partie de l'espace de la francophonie et qui ne sont donc pas d'anciennes colonies françaises, le nombre d'associations présentes est très faible. Pour la Loire-Atlantique, on trouve quatre annonces au JO pour l'Angola et aucune pour la Tanzanie.
L'usage de la langue française et les possibilités de tourisme apparaissent comme des facteurs déterminants.
Il pourrait être intéressant de rechercher les éventuelles corrélations avec les effectifs de la diaspora dans la région ou le nombre de congrégations religieuses présentes.

Le Maghreb est à part et présente une situation contrastée. Il y a de nombreuses associations qui apparaissent pour le Maroc sur le site du JO (157 annonces en Loire-Atlantique en 2016, 7178 au niveau national). Mais ce chiffre est dû à la sur-

représentation d'associations créées pour les rallyes raids, par exemple les 4L Trophy, associations en général très éphémères.
En Loire-Atlantique, on note seulement 25 annonces pour l'Algérie et 22 pour la Tunisie.
Toujours en Loire-Atlantique, sur le site du JO, on trouve 9 annonces concernant des associations pour la Palestine et 31 pour Haïti.

Si on utilise les chiffres de Yannick Lechevalier[44], dont l'étude porte uniquement sur les créations d'associations, selon lesquels l'Afrique subsaharienne représente 55 % des associations, cela donne une estimation globale d'environ 29 000 associations[45], auxquelles il faudrait ajouter celles d'Alsace et de Moselle. Il existe aussi des petites associations sans lien géographique précis (spécialistes, expertise professionnelle), par exemple à l'initiative des sages-femmes du CHU.

On peut donc conclure qu'un ordre de grandeur de 30 000 associations actives, voire un peu plus, en France est vraisemblable.

Comparaison avec d'autres estimations

Nous utiliserons ici principalement les travaux de Viviane Tchernonog[46] et Yannick Lechevalier.

Yannick Lechevalier parle de 40 à 50 000 associations de ce type, on est donc dans le même ordre de grandeur, ce qui donne environ 700 à 800 associations (tous pays confondus) en Loire-Atlantique, voire 1000 avec les chiffres de Yannick Lechevalier.

---

44 Lechevallier Yannick, Saubion Mélanie, *La solidarité internationale, un secteur dynamique,* Agence Coop Dec Conseil, 2010

45 Il y a 3 308 annonces au JO et 3308 X 0,67 / 0,14 / 0,55 = 29 784

46 Viviane Tchernonog, *Le paysage associatif français. Mesures et évolutions*, Paris, Dalloz, Juris éditions, 2013

Il y a certes une légère différence sur l'hypothèse du taux de disparition des associations. Viviane Tchernonog estime ce taux à 50 % et Yannick Lechevalier reprend cette hypothèse.
Nous avons obtenu (101-57)/101 = 44 %.
Mais il n'est pas du tout prouvé que le taux de disparition soit le même pour toutes les catégories d'associations d'où la nécessité de recherches de terrain.

Notre recherche confirme une donnée de l'étude de Yannick Lechevalier avec le trio de tête pour le nombre d'associations : Sénégal, Maroc, Madagascar, mais il faut noter que d'autres pays ont un ratio nombre d'occurrences au JO/population du même ordre (Guinée, Bénin).

En Belgique ?
Nous nous appuyons sur l'étude de Gautier Pirotte et Julie Godin sur les IPSI[47]. Ces Initiatives populaires de solidarité internationales sont définies (p. 19) comme « des activités de solidarité internationale organisées et initiées par des hommes et des femmes en dehors de toute intention étatique et mercantile au sein de groupes plus ou moins formalisés et ne bénéficiant ni d'un agrément ni d'un co-financement des pouvoirs publics pour mener à bien leurs projets ». Ces chercheurs ont identifié un peu plus de 600 IPSI en 2010 en Belgique francophone. En Belgique, il existe une distinction légale entre ONG et IPSI. Une ONG est « agréée » et peut recevoir des subventions de l'État.

Adhérents et membres actifs

Dans les questionnaires qui nous ont été retournés, il apparaît une moyenne d'une dizaine de personnes actives et d'une centaine d'adhérents par association. Par personne active, il était précisé « consacre du temps à l'association que ce soit pour des réunions telles que CA ou bureau ou pour des actions

47 Pirotte Gautier, Godin Julie, *Coopération au développement, Enquête sur les Initiatives Populaires de Solidarité Internationale*, Liège, Presses Universitaires de Liège, 2013

concrètes ». La quasi-totalité ont répondu positivement à la question « avez-vous formalisé l'adhésion ? »

L'extrapolation de ces chiffres donne donc pour l'ensemble des associations en France des ordres de grandeur de 300 000 membres actifs et 3 000 000 d'adhérents.

Moyens, budget

Ici encore, il ne peut s'agir que d'une recherche d'ordre de grandeur. Notre enquête indique un budget annuel moyen de ces petites associations entre 10 000 et 20 000 euros, ce qui donne, pour 30 000 associations pour l'ensemble des pays, un budget global entre 300 et 600 millions d'euros. Les frais de fonctionnement sont très réduits et en général, on nous indique des transferts vers Madagascar de l'ordre de 95 % du budget.
Les recettes des petites associations proviennent essentiellement des dons des adhérents et des bénéfices des actions. La part des subventions est très faible, inexistante pour beaucoup. La principale contribution publique est, indirectement, pour celles qui ont l'agrément, ce qui découle des réductions d'impôts.
Il peut être intéressant de comparer ces chiffres à ceux des autres formes de soutiens.

Quelques données sur des ONG
Les chiffres indiqués ci-dessous ont été collectés sur les sites des organisations.
En France, MSF est (après la Croix-Rouge) dans la catégorie des ONG humanitaires, celle qui a le budget le plus important. Ses recettes, en 2018, sont de 393 millions d'euros. Elles sont à 97,9 % d'origine privée. 91,2 % du budget est consacré aux « missions sociales », 3,3 % à la recherche de fonds et 5,5 % aux frais de fonctionnement.
On remarquera que la part de l'aide de l'État est faible pour les grosses ONG... et inexistante pour les petites associations.
Le CCFD, qui a 177 salariés mais aucun expatrié, a, pour sa part, un budget 2018 de 39,7 millions d'euros dont 89 % provient de ressources privées. 72 % est utilisé pour ses « missions sociales ».

Ces sommes n'ont rien de commun avec celles des grosses ONG internationales. Oxfam a un budget supérieur à la somme des budgets des 10 plus grosses ONG médicales françaises (Ryfman 2013). Pour la période avril 2015/mars 2016, ses recettes s'élèvent à 1,07 milliard d'euros (41 % proviennent de fonds institutionnels, 40 % de fonds privés, 17 % de ventes). 69 % de ses dépenses correspondent à ses « programmes d'action ».

Aides publiques

Collectivités territoriales

En novembre 2012, un rapport[48] a été publié pour le Sénat. Il montre qu'en 2010, 4 800 collectivités intervenaient dans 140 pays pour une aide de 60,5 millions d'euros.

On a vu que les collectivités intervenaient directement et/ou soutenaient les actions des associations. Le Conseil départemental de Loire-Atlantique, en 2018, a soutenu avec un budget de 172 000 euros, les projets de 23 associations dont trois pour Madagascar. Les communes apportent deux types de soutiens : au fonctionnement ou sur projets. La ville de Nantes a prévu dans son budget 2018, 82 900 euros pour le soutien à des projets de solidarité internationale dans le cadre du dispositif APDIS. La région Pays de la Loire finançait des projets des associations par l'intermédiaire du FRASICOD, qui était doté d'environ 700 000 euros. Ce dispositif a été supprimé et est remplacé par un fonds OASI de 300 000 euros pour des projets en Afrique francophone uniquement. La région participe au maximum pour 20 000 euros sur un projet et 30 % du budget (c'était 50 % avec le FRASICOD). Les actions doivent porter sur les compétences régionales : formation, économie, transport, eau et santé. Les associations ne sont plus seules à bénéficier de ce dispositif qui concerne aussi les entreprises, les chambres consulaires et les établissements d'enseignement. Un autre fonds, de 200 000 euros est prévu pour des actions répondant à un appel à projets sur un thème choisi chaque année par la Région.

---

48 JC Peyronnet *La solidarité internationale à l'échelle des territoires : état des lieux et perspectives.*

État

L'aide publique au développement (APD) de la France pour l'ensemble des pays concernés, était en 2016, de 8,7 milliards d'euros, soit 0,38 % du RNB et de 10,1 milliards d'euros, soit 0,43 % du RNB en 2017. Elle se situe au cinquième rang mondial. Mais dans cette « aide » affichée se retrouvent beaucoup de choses. Comme le fait remarquer Jean-Marc Chataigner[49], ancien ambassadeur de France à Madagascar, ceci intègre par exemple des dépenses de « soutien aux réformes des systèmes de sécurité », données qui n'étaient pas considérées dans le passé comme liées au « développement humain ».
Philippe Ryfman fait remarquer une particularité de la France : la part de l'APD transitant par les ONG françaises est au mieux de 1,6 % (c'est beaucoup plus dans les autres pays européens).
L'APD mondiale était en 2017 de 147 milliards de dollars, soit environ 129 milliards d'euros.

Europe

Il est à noter que l'Union européenne (UE et États membres) est le premier bailleur de fonds d'aide humanitaire au monde (Ryfman 2008 p. 81).

L'aide dont bénéficie Madagascar

L'ambassade de France détaille les sources d'aides dont bénéficie Madagascar mais n'a pas actualisé ces chiffres depuis 2012. Cette année-là, Madagascar a bénéficié de 378 millions de dollars d'aide publique soit environ 295 millions d'euros[50]. L'aide bilatérale se montait à 188 millions de dollars, la France étant le premier donateur pour 73 millions de dollars, suivi par les États-Unis pour 52 millions de dollars. L'Union européenne a attribué 32 millions de dollars.
L'OCDE et la Banque Mondiale publient un historique de l'ensemble des aides publiques attribuées à Madagascar[51]. Il est à noter que l'aide publique (tous pays et toutes institutions) est à

---

49 Afrique contemporaine 2004-1 (n° 209)
50 En 2012, l'euro valait entre 1,22 et 1,34 dollar
51 Voir le site de l'ambassade de France à Madagascar. Onglet « coopération »

son niveau le plus haut en 2004 (1 253 millions de dollars), qu'elle chute très nettement pendant la « Transition » avec son niveau le plus bas en 2012, pour remonter après l'élection de Hery Rajaonarimampionina et atteindre 621 millions de dollars en 2016.

Depuis 2009, l'aide alimentaire de la France se concentre d'une manière privilégiée sur un partenaire dont la fiabilité est reconnue, le Programme alimentaire mondial (PAM). Elle a versé à ce titre 1,5 million d'euros en 2016, 2017 et 2018 (contre seulement 200 00 euros en 2015).

Il est difficile d'avoir des données fiables sur l'aide privée. Dans l'étude pour le Ministère des Affaires étrangères malgache [52], deux chiffres sont cités : selon l'Office International des Migrations, les transferts financiers de la diaspora malgache de la France vers Madagascar s'élèveraient en 2013 à 86 millions d'euros... alors que la Banque Mondiale estime ces transferts à plus de 370 millions d'euros.

Financement public. Financement privé

On constate donc qu'en France le financement de l'aide humanitaire ou de l'aide au développement se concrétise d'abord par l'apport de fonds publics pour des interventions directes. C'est une différence notable avec des pays tels que les États-Unis, où elle est essentiellement l'œuvre des grandes fondations.

52 OIM, FORIM, *Étude du profil de la diaspora malgache en France,* 2016. Téléchargeable sur le site de l'ambassade de France à Madagascar

15 - Essai de caractérisation de ces « petites associations »

Ce chapitre essaie de synthétiser ce qui est commun à ces petites associations, au-delà de la diversité des modalités d'action.

Objet

Les formes du lien peuvent être diverses avec un (le plus souvent) ou plusieurs pays. Cela se traduit, en général, par une aide à l'action des acteurs locaux, considérés comme partenaires, mais il ne s'agit pas de faire à leur place ou pour eux, comme le font, le plus souvent, les « Sans-Frontières ». Ce n'est pas non plus ce qui est qualifié habituellement d'actions humanitaires : porter secours dans l'urgence, faire acte de réparation, là où des « victimes » sont identifiées.
Les petites associations ne sont pas dans l'urgence au sens médiatique. Elles interviennent par rapport à des situations de grande, ou même parfois, d'extrême pauvreté, de malnutrition, mais pas de famine, et en général avec un projet de développement. Souvent, il s'agit d'une réponse à un appel. C'est en général un engagement pour des causes très concrètes mais aussi souvent une relation affective qui s'inscrit dans un cadre amical et parfois familial.
Les domaines d'interventions sont principalement l'École (scolarisation et formation professionnelle) et le développement d'activités économiques, principalement pour des femmes, donc des cadres de construction de l'avenir. Les responsables d'associations ont la volonté de travailler pour que la situation change dans la durée en rendant possibles dans l'immédiat des actions telles qu'aller à l'école, se former, produire et vendre. Elles ne veulent pas être seulement dans le don (de nourriture, de soins...) qui serait accepté passivement mais plutôt dans

l'offre de moyens de faire. L'enfant étudie, les femmes produisent ce qui sera vendu. Il y a donc nécessité d'un engagement de leur part, d'une implication. La passivité n'est pas permise. Permettre des prises de responsabilités grâce à l'acquisition de compétences ouvre la possibilité de retrouver une dignité, une autre image de soi, le respect de soi, en redevenant acteur de son destin.
Le soutien se traduit par des investissements (construction, achat de matériels, équipement) et la participation au fonctionnement, notamment par le financement de salaires, dans la structure aidée.
Dans les villages et même en ville, la dimension agriculture est souvent présente. L'insertion dans le secteur marchand se fait par des « voies de traverse » : le commerce équitable, le micro crédit.
Il peut aussi y avoir parfois création d'infrastructures au niveau d'un village (pont, arrivée d'eau, etc.) pour la satisfaction de besoins vitaux.
Concrètement, à Madagascar, ces actions permettent la satisfaction de besoins vitaux mais aussi une possibilité d'autonomie et ceci se fait toujours dans le cadre de soutien à la société civile.
Il est important de noter le rôle du culturel et de la connaissance réciproque. Le développement d'un pays peut passer aussi par la reconnaissance et la valorisation de sa culture. C'est ce que cherchent à promouvoir par exemple Hetsika et Casa Africa Nantes mais il est aussi intéressant de constater des pratiques telles que l'artisanat traditionnel revisité qui permettent de lier le culturel et l'économique. Le soutien à l'édition de livres en malgache est aussi un domaine d'avenir. Il est bon de se rappeler que le culturel ce n'est pas seulement le folklore.

Le parrainage d'enfants est une modalité assez fréquente mais parfois controversée dans sa forme individuelle. Certaines familles recherchent un lien affectif qui sera possible surtout si des visites peuvent avoir lieu et si ce parrainage s'inscrit dans la durée. La confusion entre les mots « parrain » et « parent » dans des courriers rédigés par des enfants est peut-être significative. Mais le « parrain » ne fait-il pas partie de la parentèle étendue ? L'association Les Enfants de la Grande Île a fait le choix d'arrêter les parrainages individuels « pour ne pas faire de différence entre les enfants »... Il reste la différence entre les enfants parrainés collectivement et ceux qui ne le sont pas. Pourquoi cette école, ce village ?

Qui ? Ici, là-bas, les liens

Ici

Le « recrutement » de membres des associations se fait en général au plan local ou par les réseaux de proximité (famille, amis, collègues, adhérents d'un club, etc.). Ces réseaux existent avant l'association.

Le premier cercle est un groupe ayant une histoire commune, parfois en lien avec Madagascar (par exemple pour ASEM, le groupe d'amis d'un missionnaire ou pour LAH l'adoption dans un même centre). Puis, après ce premier regroupement, il y a élargissement par d'autres réseaux si des « militants » s'y investissent. Le développement de l'association dépend donc du « capital social », de la disponibilité et du savoir-faire « militant » de ses membres actifs.

L'activité au service de l'association est toujours sous forme de bénévolat.

L'adhésion n'est pas systématiquement formalisée par une cotisation ou une signature. D'ailleurs, la notion d'adhérent individuel ne semble pas toujours pertinente. Dans le cas de parrainage et même s'il y a signature d'une convention de parrainage, l'association ne sait pas toujours si l'« adhésion » est individuelle ou familiale.

Les liens ici, dans le groupe, se renforcent en faisant ensemble (repas, vente, course) ou en répondant à l'appel d'un parent, d'un ami. Pour la *Course des héros*, par exemple, que pratique régulièrement l'association Les Amis d'Handri, il y a une personnalisation de la sollicitation qui n'est pas faite par l'association mais par un membre à son réseau relationnel. Le don est donc fait à un intermédiaire ; c'est un moyen aussi de renforcer et confirmer une relation d'amitié.

Souvent, le fonctionnement repose sur le surinvestissement qualifié parfois de « sacerdoce » d'une ou de quelques personnes. On va donc trouver des niveaux d'engagement très diversifiés : donateur ponctuel, donateur régulier, participant occasionnel, militant hyper investi. Certaines associations pratiquent un partage des tâches relativement important, comme Solidev, mais ce n'est pas très fréquent.

Il existe, pour un certain nombre d'associations un défi de renouvellement générationnel. Les potentialités dépendent en grande partie d'une sociabilité antérieure. Il ne suffit pas de vouloir. Certaines associations mêlent très bien les générations, par exemple Les Enfants de Tsiro. Les plus anciennes ont parfois ce souci. On peut donc dire qu'en France, la vie associative, au-delà des objectifs affichés, a une fonction essentielle : faire du lien ici.

Notre enquête se limite aux associations sans salarié ou avec un VSI ou stagiaire. L'existence d'un salarié modifie la configuration de l'allocation des ressources financières, mais peut accroître les compétences et notamment pour la réalisation de dossiers pour l'accès à d'autres sources de financement. En général, avec des salariés, il y a une dépendance aux financements publics (même avec VSI). Rouge Beauté, avec une VSI, consacre la quasi-totalité de son budget « régulier » permanent (en provenance des cotisations) aux frais de fonctionnement de sa volontaire.

Là-bas et lien

Avec les partenaires au Sud s'établit une relation interpersonnelle privilégiée, inscrite dans un temps long, avec un groupe constitué, localisé, ou des personnes. Cette relation est stable et durable.

Les interlocuteurs au Sud sont souvent des leaders locaux, des personnes qui ont fait des études, ou des chefs, et/ou des membres de professions respectées qui sont dans l'action et ont un certain « pouvoir ». De fait, ces actions de solidarité peuvent permettre aussi l'amélioration de la situation de classes moyennes éduquées en favorisant leur investissement.

Pour ceux qui sollicitent au Sud, il est plus confortable d'être en situation d'exclusivité par rapport au partenaire du Nord. Ce ne serait pas possible avec une grosse association.

Les voyages et rencontres sont donc très importants et, quand cela peut se faire, la visite en France d'un responsable malgache est l'occasion d'un nouveau départ, éventuellement d'une autre dimension de l'association.

Il serait cependant illusoire de présenter ces relations comme idylliques. Les mots de la déception viennent parfois : un agacement qui vient surtout des sollicitations multiples, répétées, (le don et le dû, cf. Gotbout). « On nous prend pour des vaches à lait », « quand tu vas là-bas, tu es un portefeuille sur pattes ». Les problèmes existent aussi parfois dans la gestion de dossiers à cause des décalages culturels (rapport au temps, rationalité, planification, etc.).

Les formes d'organisation

Des groupes peuvent agir de façon informelle. L'intérêt de la déclaration officielle en association loi 1901 :

- la reconnaissance par les autorités et notamment les collectivités territoriales
- la possibilité de demander des subventions
- la possibilité de solliciter l'autorisation de délivrer des reçus fiscaux.

Origine

Le démarrage d'une action, la création d'un groupe qui, éventuellement, se structure en association est très souvent la conséquence d'une rencontre et d'une sollicitation explicite. Le constat de la misère, de l'injustice, de la souffrance, ne suffit pas pour enclencher un « faire collectif ». D'autre part, les organisations existantes sont suffisamment nombreuses pour répondre au désir d'agir provoqué par l'émotion. Pour les entrepreneurs ici, initiateurs d'associations, il y a, souvent des dispositions (une histoire personnelle, un passé militant), un contexte (moment de la vie, disponibilité) et donc, fréquemment, une rencontre, une opportunité grâce à un contact direct. Puis le savoir-faire sera mis en œuvre avec une mobilisation du réseau relationnel... l'histoire peut commencer.

Il faut donc que se conjuguent des situations objectives, des rencontres, des acteurs qui sont en capacité de répondre.
On pourrait se poser la question : pourquoi ce choix du lointain plutôt que l'action de proximité pour une action de solidarité ? Les besoins ici sont évidents. Mais le lointain s'est modifié (voyages, relations...), le monde s'est ouvert.

Il semble donc que les principales catégories d'origine des associations sont :

- le soutien aux religieux ou congrégations connus et qui sont sur place
- les initiatives de la diaspora malgache en France
- les voyages à Madagascar et les rencontres
- les relations nouées à l'occasion d'adoptions
- la recherche de réinvestissement du professionnel à l'heure de la retraite
- les initiatives d'étudiants.

Temporalité, durée

Nous avons rencontré des associations ayant plus de 30 ans d'existence. Beaucoup ont plus de 10 ans. Sur une centaine d'associations en lien avec Madagascar créées depuis une trentaine d'années en Loire-Atlantique, plus de la moitié existe toujours, ce qui est beaucoup plus que la moyenne de vie des associations. Viviane Tchernonog estime que la moitié des associations (quel que soit leur objet) disparaissent dans leur première année d'existence. Nous avons pu présenter, dans le chapitre 1, quelques exemples de dissolutions mais la longévité est la norme.
La durée est à la fois cause et conséquence du type de relation instauré. La fidélisation des membres est assurée d'abord par les relations initiées dans le groupe en France, d'où la stabilité des sources de revenus.
Mais on peut aussi émettre l'hypothèse que les petites associations, en instituant une relation durable, créent les

conditions objectives du contre-don[53], ce qui est impossible pour les urgentistes ou les ONG ayant de multiples interlocuteurs ponctuels. La durée est aussi nécessaire pour connaître, comprendre et dans les moments d'incompréhension, dépasser des tensions et même parfois résoudre des conflits.
Bien sûr, cela induit le risque d'installation dans la dépendance mais il faut certainement analyser ce risque au regard des autres risques liés aux situations concrètes vécues.

Formes d'action, communication

Certaines associations sont très spécialisées, celles qui sont dans le commerce équitable, le microcrédit ou celles qui sont dans l'organisation d'événements culturels.
D'une façon générale, le premier objectif ici est de trouver des fonds qui seront essentiellement d'origine privée. Les moyens d'actions publiques sont souvent les mêmes que pour les autres associations : vente d'artisanat du pays, vide-greniers, repas, concerts, et plus rarement, courses ou marches sponsorisées. Elles s'adressent souvent à un public de proximité. Quelquefois ces associations peuvent participer à des actions en direction du public « de passage » par exemple les marchés de Noël, mais peu s'y investissent et on constate que les marchés des petites villes sont privilégiés.

Les associations ont toutes des relations en France avec un ou des établissements scolaires, principalement au niveau secondaire et, semble-t-il, surtout collège : interventions dans les classes et parfois organisation d'actions permettant de récolter des fonds. Le souci de participation à l'éducation au développement est une donnée importante.

Sollicitations
Ces associations ne sont pas dans le *fundraising* anonyme étudié par S. Lefèvre[54] avec l'achat de fichiers « pertinents » qui

53 cf. Marcel Mauss, chapitre suivant
54 Lefèvre Sylvain, « Le sale boulot et les bonnes causes, Institutionnalisation et légitimation du marketing direct au sein des ONG » in *Politix* n° 79, Armand Colin, 2007

permettent quand même une certaine individualisation. Elles ne pratiquent évidemment pas les séances de *phoning* ou la sollicitation dans la rue.
Souvent même, la sollicitation n'est pas explicite. Des formes plus subtiles mettent en jeu la relation interpersonnelle, en parlant de ce que l'on fait, de ce à quoi l'association essaie de faire face. L'efficacité se construit en amont. Elle est dans la constitution du réseau relationnel, dans les liens préexistants.

La Course des héros que pratique par exemple à Saint-Cloud, depuis 2014, Les Amis d'Handri est significative. Participent à ces courses beaucoup d'associations de solidarité internationale, mais surtout des associations du domaine médical. Les membres les plus actifs, ceux du CA, mobilisent d'abord leur réseau familial, amical, professionnel, pour trouver des coureurs qui vont se faire sponsoriser par leur propre réseau. La première étape est donc une proposition de don de temps et d'implication pour venir à Saint-Cloud courir mais, aussi, de prendre le temps d'écrire des mails, de téléphoner pour solliciter le don d'argent. L'expérience montre que, évidemment, les mails personnalisés permettent des taux de réponses positives bien supérieurs au mail général envoyé à tout le carnet d'adresses. Les résultats ont été au-delà des espérances. Cela fonctionne d'abord parce qu'il y a un lien préexistant qui peut se renforcer par l'engagement dans une action commune. Mais cette étape, faire une sollicitation de don à une relation amicale est parfois difficile car vécue comme un risque : le refus pourrait « endommager » la relation amicale, d'où des formulations d'excuses *a priori* : « je sais que beaucoup sont engagés dans des mouvements... » ou l'utilisation de l'humour (notamment à partir du mot « héros ») qui traduisent un peu la gêne. Au delà du don ponctuel recherché, c'est aussi un moyen de parler de l'association, d'impliquer et éventuellement de permettre de participer ultérieurement sous d'autres formes.

Nous avons pu noter aussi deux autres formes de sollicitations : celles effectuées auprès des entreprises et la recherche de subventions auprès des collectivités territoriales. Nous avons présenté à propos des Amis d'Handri (chapitre 6) ce que cette

dernière pratique pouvait induire comme modifications dans les relations de l'association avec son partenaire en Afrique.
Les relations avec des entreprises locales existent, semble-t-il, surtout en zones rurales et dans les petites villes et ces entreprises peuvent être associées aux projets (par exemple pour les constructions par Rouans Amitié Madagascar ou Zaza Malagasy). Le plus souvent il s'agit d'un soutien financier. A better life for children est un cas atypique de mobilisation de grosses entreprises qui s'explique par l'activité professionnelle antérieure du président.

Nous aborderons dans le chapitre suivant la question de la professionnalisation car ce concept est à interroger quand on l'utilise dans ce cadre. Il existe évidemment des différences entre les grandes et les petites associations et également à l'intérieur de la galaxie des petites associations. Mais ces petites associations savent aussi être « professionnelles » et mettre en œuvre des formes diverses d'expertise souvent liées à l'expérience professionnelle actuelle ou antérieure de ses membres (sur les travaux, la finance et le crédit, les techniques artisanales, etc.). Est utilisée également l'expertise « militante » pour l'organisation des collectifs, des actions, des mobilisations. Peut-être est-ce de l'artisanat de la solidarité internationale mais l'artisanat implique la professionnalisation. Certaines associations préfèrent se présenter seulement comme regroupement d'hommes et femmes « de bonne volonté ».

Communication

Les petites associations s'estiment peu reconnues dans les médias. Certaines sont présentes dans la presse locale ou les bulletins municipaux. Beaucoup maintenant ont un site ou un blog, mais il reste encore une grande diversité de présence sur la toile. Les bulletins (en général diffusé maintenant par Internet) sont un moyen de fidélisation mais aussi de connaissance et donc d'éducation aux questions de développement ou, au moins, à l'altérité. Mais la visibilité est surtout dans l'espace des relations interpersonnelles.

La communication entre les personnes engagées dans un partenariat, en France et à Madagascar n'est pas simple. Pratiquement, le mail ou Skype facilitent les choses... mais il faut bien sûr faire avec les délestages d'électricité. Le problème est beaucoup sur le fond de ces échanges, qui est marqué par l'inégalité de situations. Dans le cas des parrainages, les rapports sociaux, qui reflètent certainement la réalité, sont aussi rédigés pour susciter la compassion. Les familles qui, en France, parrainent, souhaiteraient souvent un peu plus d'échanges avec les enfants mais la parole de ces derniers reste assez convenue et presque uniquement dans le registre du remerciement. Il leur est difficile de percevoir ce qu'ils peuvent apporter d'autre. On retrouve même cette limitation aux remerciements dans les échanges entre responsables d'organisations en dehors des réponses précises pour l'élaboration et le suivi des projets.

Poser, ou pas, d'abord ces questions en termes politiques ?

Est-ce que, finalement, les actions de cette multitude de petites associations n'aboutissent pas à conforter un système d'exploitation, de corruption, etc. et à faire en sorte que rien ne change fondamentalement ? Ne serait-il pas préférable de poser les questions de nos relations avec ces pays d'abord en termes « politiques », comme le faisaient les comités Tiers-Monde des années 70 ? Ce questionnement n'est pas abordé spontanément dans ces associations, mais on peut l'entendre dans des colloques ou de la part de certains « militants ». Il s'agit d'une forme de reproche, et même parfois d'une mise en cause de la légitimité de ces modes d'action. En bref, pour ces militants, toutes ces petites associations font de la charité sans s'attaquer aux causes des situations.

Quelques phrases entendues de la part de militants d'associations (en lien avec d'autres pays) qui se veulent « politiques » (les expressions suivantes sont spontanées) : « les ONG interviennent comme s'il n'y avait pas d'État... Si on avançait sur les paradis fiscaux, la moitié des associations serait inutile »,

« le vrai combat est politique, ici et là-bas », « il faudrait avoir une réflexion sur pourquoi Madagascar ne se développe pas ? ».

Il y a certainement des différences sur cette question selon les pays d'intervention. Bien sûr, les problèmes que l'on peut qualifier de politiques par rapport à Madagascar sont abordés dans les discussions mais ils ne sont pas posés sur la place publique. Un contre-exemple cependant : une soirée débat à l'espace Cosmopolis à Nantes en juillet 2013 sur le problème de l'accaparement des terres à Madagascar. Hetsika en était l'organisateur. On note que c'est une association à vocation culturelle qui participe à la prise de parole sur une question dite « politique ».
Les associations en lien avec la Palestine posent les questions différemment : « À FPS (France Palestine Solidarité), on soutient des projets de résistance. » La solidarité avec le peuple palestinien s'accompagne de la dénonciation d'Israël. Le responsable est identifié.

Que signifie poser en termes politiques ces questions ? En préalable, comme le rappelle Jacques Ion, « encore faut-il se demander si la critique qui veut que le développement de l'humanitaire accompagne des formes de dépolitisation ne s'appuie pas sur une définition du politique qui mérite elle-même d'être interrogée »[55].

Dans l'utilisation de cet adjectif *politique*, il faut sans doute comprendre un discours de dénonciation et en parallèle, l'affirmation de ce qu'il faudrait faire. Expliciter les causes, c'est en général dénoncer des responsabilités, donc des responsables. Comme le rappelle Luc Boltanski : « La parole politique est accusation. Elle détourne de la victime pour pointer le "persécuteur"[56]. »

---

55 Jacques Ion, Bénévolat, assistance… Pourquoi s'engage-t-on ? In *Sciences humaines* n° 223, Février 2011

56 Luc Boltanski *La souffrance à distance*, Paris, 1993, Métallié, Folio Essai 2007, p. 114

Faire de la politique par des pratiques de dénonciation, c'est donc désigner un adversaire, ce qui suppose avoir une vision claire des causes, une opinion assurée, construite, explicitable, donc un « équipement idéologique » comprenant des clés d'interprétation géopolitiques et sans doute un modèle de développement pertinent, valable. La concrétisation de ce positionnement impliquera alors la prise de parole et éventuellement l'organisation d'événements significatifs.

Cette intervention dans l'espace du (ou de la) politique peut revêtir deux dimensions : le discours critique et la proposition aux pouvoirs publics. Un terme est de plus en plus employé, principalement par les plus grosses organisations : celui de *plaidoyer*[57]. L'objectif est d'influencer, par exemple en faisant des propositions aux pouvoirs publics, sur la question de l'Aide publique au développement ou la répartition de la Taxe sur les transactions financières mais aussi en dénonçant le soutien à tel ou tel régime.

Qui est sur ce « créneau » ? En général, les petites associations ont pour préoccupation leur partenaire au Sud et les moyens de l'aider sans que cela prenne d'autres dimensions. Plusieurs explications sont possibles. La mise à distance de la dimension politique peut être perçue comme une condition de stabilisation et de possible ouverture du groupe. Oser une parole clivante peut être risqué pour le groupe. Il y a aussi, chez beaucoup, la conscience de la difficulté de l'analyse des responsabilités (du passé et du présent) par rapport à la situation des pays du Sud, responsabilités qui sont complexes et enchevêtrées : la colonisation, le rôle des multinationales, les accords et complicités des gouvernements (quand, pour des préoccupations « diplomatiques », la France soutient H. Habré contre Kadhafi), la corruption locale, etc. D'où, chez beaucoup, un sentiment d'incompétence sur ces sujets.

---

57 Voir sur ce thème le n° 67 (2015/2) de la revue *Critique Internationale* et notamment l'article de Johanna Siméant et Etienne Ollion : Le plaidoyer : internationales et usages locaux

Il semble que la politisation s'exprime plutôt au travers des prises de positions de collectifs. La MCM ou au moins certains de ses dirigeants sont sur ce terrain. C'est peut-être un enjeu dans la MCM où se retrouvent un certain nombre d'acteurs ayant eu une forte socialisation militante.

Cette absence de prise de position des petites associations peut peut-être évoluer et P. Ryfman suggère que les petites associations pourraient jouer un rôle de relais des campagnes de plaidoyer auprès des pouvoirs publics si elles arrivaient à se coordonner.

Vous avez dit « politique » ?

Est-ce que la politisation de ces questions est nécessairement synonyme de prise de parole publique ? Est-ce qu'agir concrètement pour l'éducation ou pour l'autonomie et donc l'émancipation des femmes ne sont pas aussi des actes politiques, au moins autant que les discours de dénonciation ? Il ne s'agit pas seulement de « panser des plaies ». Les changements se construisent aussi dans l'aide aux acteurs pour s'émanciper.

La non dénonciation n'est pas nécessairement la complicité. Certains pensent ne pas avoir les moyens ou doutent de l'efficacité d'un tel discours ou tout simplement n'en ont pas (plus ?) l'envie. Dans ces groupes, il y a parfois des « reconversions » de militants lassés de la dénonciation stérile.

Quand quelqu'un dit « l'aide ne change rien au système » (expression entendue), il peut lui être répondu : « qu'est-ce que vous en savez ? ». Il est possible aussi de croire aux changements « micro », à ce qui est produit par l'éducation des enfants. Les jeunes de ces pays pourront être acteurs de la vie politique de leurs pays s'ils ont eu accès à l'éducation, condition nécessaire mais non suffisante, certes. D'autre part, pour eux, les relations inscrites dans la durée permettent l'accès à d'autres informations, d'autres visions du monde que celles de la télévision ou des réseaux sociaux auxquels ils ont de plus en plus accès.

Pour faire changer, évoluer des sociétés, des associations interviennent selon des modalités diverses. Nous ne décernerons pas des bons et des mauvais points.

Grosses associations vs petites associations : incompréhension ?

Une remarque préalable qu'il vaut mieux préciser, même si elle peut sembler une évidence : petites et grosses associations ne constituent pas deux catégories étanches mais on considérera que ces expressions correspondent à deux « pôles ».

On peut constater évidemment que, bien souvent, toutes ces organisations - quelles que soient leurs tailles - et leurs membres partagent les mêmes soucis, mais il n'est pas rare d'entendre des critiques réciproques et l'expression d'un sentiment d'incompréhension. Les petites associations se sentent ignorées des médias, souvent dévalorisées notamment par les interlocuteurs politiques ou institutionnels. Nous n'avons pas les moyens d'une comparaison exhaustive mais il nous semble cependant intéressant d'essayer de montrer des spécificités, d'essayer de caractériser.

Tout d'abord petites et grosses associations ne parlent pas le même langage[58]. Les grosses associations sont dans une logique de projets avec, en général, comme norme le « cadre logique » (selon le terme consacré). Chaque action a un début et une fin programmée. Il y a la vision d'un déroulement linéaire, dans un cadre de rationalité (occidentale ?) avec d'éventuels accidents, des ratés, mais qui sont à prévoir. Les petites associations, même dans le cadre de soutien à des projets précis, aident en général à assurer le quotidien avec les aléas qui vont avec, qui font partie de la vie.

---

58 Cf. par exemple le document de l'évaluation commandé par l'AFD sur les collectifs et plate formes : http://www.afd.fr/webdav/shared/PORTAILS/PUBLICATIONS/ONG/PDF/AFD-Rapport-SMA.pdf

Les critiques entendues
Donnons la parole aux différents acteurs qui expriment leurs représentations des « autres ».

Au sujet des petites associations
« Pour Madagascar, il y a une foultitude d'assos sans cohérence entre elles ; c'est caricatural, on ne peut pas penser qu'elles n'ont pas trouvé une association existante pour travailler avec » ou « elles se contentent d'être dans la charité ».
Derrière ces critiques on perçoit le souci d'efficacité. Mais s'expriment aussi des normes, des catégories de pensées bien établies : ce que doit être le développement, ce qui est valable et ce qui est inutile ou même, peut-être, condamnable. Mais, finalement il y a assez peu de critiques. Les petites associations ne sont pas dans leur champ de vision. Elles semblent le plus souvent ignorées.

Au sujet des grosses associations
Là, les critiques se font plus fréquentes et plus vives. Ces grosses associations sont parfois décrites comme contre-modèles. L'argent gaspillé et quelques scandales reviennent fréquemment dans les propos : l'ARC, l'argent pour réparer les dégâts causés par le tsunami de 2004 qui n'a pas été dépensé ; idem pour la reconstruction de Haïti après le tremblement de terre. Les frais de fonctionnement sont aussi cités et les plus avertis rappellent le scandale qu'a connu Aide et action (cf. article de Wikipédia). Pour ceux qui voyagent, il y a la vision des « 4X4 rutilants » des grosses structures. Celles de l'ONU sont souvent citées comme exemple de gaspillage : par exemple une étude du FIDA qui a coûté relativement cher et qui conclut à l'impossibilité de mener l'action étudiée.
De nombreuses personnes acceptent de donner mais à condition d'avoir l'assurance que l'argent va réellement servir l'objectif affiché. Il y a aussi quelques moqueries notamment sur le côté « m'as-tu-vu » des « baroudeurs » ou « aristocrates du risque » selon l'expression de B. Kouchner ou des *people* suspectés de « faire leur promo ». L'épisode du sac de riz sur le dos en Somalie quand les caméras étaient là est resté dans les mémoires.

Les bénévoles des petites associations n'acceptent pas des techniques qu'ils jugent manipulatoires, par exemple dans le cadre du *phoning*. Ils refusent cette « agressivité commerciale » dans la sollicitation de dons.
Il faut évidemment dissocier ceux qui ont les beaux 4X4 rutilants et les autres. Le CCFD ou le Secours populaire ne sont pas visés par les critiques comme peuvent l'être l'UNICEF ou même parfois MSF.

Cerner des différences

Essayons quand même un regard objectif... et ce n'est pas facile. D'abord parce qu'il n'y a jamais une seule raison pour expliquer et comprendre un engagement.
Nous avons donc des types d'organisations qui répondent (essaient de répondre) à de multiples problèmes. Certaines différences sont évidentes : d'abord les moyens matériels et humains engagés. Les grosses associations peuvent agir plus facilement dans l'urgence. Les petites peuvent le faire si elles ont un peu de réserves financières et en mobilisant le réseau en cas de besoin mais ce sera toujours très limité. Les petites associations ne sont pas perçues comme des institutions, elles ont un visage, celui de l'ami, du parent... d'ailleurs les grosses associations essaient, dans leurs publicités, de se donner un visage (celui d'un enfant souvent). Une autre différence essentielle est dans le rapport à la dimension collective en France : les petites associations construisent localement un collectif, les plus grosses agrègent des dons.
Dans les plus grosses associations, il y a souvent un engagement total de la part des expatriés de l'humanitaire, ce qui est rarement le cas dans les plus petites sauf, peut-être, pour quelques retraités.
Elles n'ont pas les mêmes horizons temporels (projets à durée fixée à l'avance vs relation durable).
Enfin elles jouent sur des canaux d'informations différents : grands médias, campagne de presse, *phoning* ou *mailing* dans un cas ; discussions entre proches et presse locale pour les autres.

Nous avons pu noter que plusieurs petites associations avaient été créées pour pallier les défections de grosses organisations (Enfance Action Madagascar, Zanaka) ou parce que les coûts de fonctionnement étaient jugés excessifs (Rouans Amitié Madagascar).

Pour une description des grosses associations

Les grosses associations sont productrices de textes d'orientation plus pensés, plus cadrés.

Elles peuvent faire appel à des financements diversifiés notamment les fonds européens ou ceux de l'AFD.

Mais ce qui caractérise le plus ici, les plus grosses associations, est que l'acte de don est le plus important et ne se traduit pas nécessairement par un sentiment d'appartenance à un collectif sauf pour le réseau actif. Le don est souvent ponctuel et n'entraîne pas de lien dans la durée.

S. Lefèvre analyse cette participation des donateurs : « avec le renforcement de la division du travail militant, c'est avant tout leur participation financière qui est recherchée et non leur engagement bénévole. Au moment du tsunami (de 2004), la plupart des responsables d'ONG redoutaient d'ailleurs un afflux massif de bénévoles au siège à qui on aurait bien été incapable de délivrer une tâche[59]. » Pour ces ONG, la participation financière oui, l'engagement bénévole, non, ou pas n'importe qui.

Certaines ont cependant des membres actifs dans des structures locales et des bénévoles de ces organisations de dimension nationale, ayant connu une mobilité géographique à plusieurs reprises dans leur vie, reconnaissent que cet élément favorise plutôt l'implication dans de grosses associations que l'on peut retrouver de ville en ville et aussi parce que France Bénévolat oriente plus facilement vers elles.

Pour les donateurs potentiels, les grosses associations sont considérées comme des institutions utiles dont ils ont une image, une représentation.

---

59 Lefèvre Sylvain, Le sale boulot et les bonnes causes, Institutionnalisation et légitimation du marketing direct au sein des ONG in *Politix* n° 79, Armand Colin, 2007, p171

Pour un essai de caractérisation des petites associations
Évidemment, « petites associations » ne constitue pas une catégorie objective. On peut s'interroger sur la pertinence de la « catégorie ». Est-ce que cela recouvre une identité ? Est-ce seulement une identité négative, par rapport à celles qui sont appelées ONG ? Les petites associations constituent une nébuleuse. Elles n'ont pas de stratégie délibérée d'ensemble : en général, elles n'ont pas d'expression commune, de prise de position commune. Existe-t-il des convergences ? Ce qui suit essaie de décrire un ensemble constitué à partir d'une caractéristique commune choisie pour définir l'appartenance : le fonctionnement uniquement sur du bénévolat, sans salarié, éventuellement un-e- VSI ou CUI. Sans doute est-ce un parti-pris[60] ?

Quelles sont ces caractéristiques communes ?
L'autonomie des groupes locaux

L'initiative est souvent une réponse à un besoin identifié, localisé, personnalisé (localisé dans un lointain devenu proche). Ce besoin a rencontré une volonté d'entreprendre (voir par exemple Rouge Beauté). L'action est toujours de « terrain », pas dans le lobbying. D'autre part, il n'y a pas, en général, des « bénéficiaires d'aide » au sens strict, donc avec un sous-entendu de passivité, mais des gens investis dans la construction de leur avenir et que l'on soutient. Cette réponse à un besoin se traduit dans une relation et pas seulement par une prestation.

Il s'agit toujours d'une contribution bénévole à une action d'intérêt général.

Les liens ici
Chaque adhérent est en lien personnel avec un membre du noyau central de l'association. Le réseau relationnel initial des

60 Karl Marx évoquait bien, dans *Le 18 brumaire de Louis Bonaparte*, les paysans parcellaires, qui selon lui ne constituaient pas une classe sociale car ils n'étaient ni structurés, ni organisés, bien que partageant les mêmes conditions d'existence.

plus impliqués est un facteur de réussite et de développement. Pour créer ces petites associations, il faut avoir un groupe relationnel « sollicitable, mobilisable » donc c'est la sociabilité préalable qui importe. Souvent, la stabilité géographique aide.

D'où la confiance

Une petite structure est propice à une autre forme de communication.

Le raccourcissement de la chaîne donateur - destinataire « souffrant » au sens de Luc Boltanski[61] est une garantie pour les donateurs : la proximité est gage de confiance. La confiance est celle que l'on a envers celui/celle qui sollicite, qui connaît la situation et qui est connu. Et, en plus, on sait son désintéressement.

Le nombre réduit d'intermédiaires bien identifiés facilite la personnalisation du don. Pour ceux qui sont dans le don ponctuel, par exemple pour la Course des héros des Amis d'Handri, le don, fait pour une « cause » est aussi le don fait à une personne, un ami. Il en est de même pour les dons réguliers, par exemple dans le cas de parrainages. Le don est constitutif du lien ici... et ce lien implique une moindre liberté de quitter, une sortie plus difficile, nécessitant une justification. Cette personnalisation est efficace mais dangereuse en cas de départ ou désengagement du (des) leader(s) ou des personnes les plus impliquées. Il est donc toujours très utile, dans une organisation, de se préoccuper de l'implication du plus grand nombre.

Un argument de poids des petites associations : un meilleur contrôle de l'utilisation des fonds versés aux destinataires. Ce qui est certain : les frais de fonctionnement sont réduits au minimum et, en général, plus de 95 % des recettes est envoyé.

Relation avec là-bas

L'action nécessite des contacts locaux dans les pays du Sud, mais il n'y a que deux intermédiaires entre les donateurs et les « bénéficiaires ». Nous sommes dans un schéma simplifié à quatre niveaux (adhérents donateurs, les entrepreneurs ici, les

---

61 Boltanski Luc, *La souffrance à distance*, Paris, Métallié, 1993, Folio Essai 2007

entrepreneurs là-bas et les « bénéficiaires » du soutien). La destination du don est précise et non « diluée ». Le lien direct est possible, d'où une plus grande fiabilité. Des relations interpersonnelles entre Français et Malgaches sont créées. Les petites associations, au delà des besoins fondamentaux, permettent des relations d'amitié et pour celles et ceux qui bénéficient de l'action, à terme, une autre estime de soi.
Les déplacements, visites, contacts directs sont constitutifs de la visibilité et de la proximité. Sauf quelques très rares cas, ce ne sont pas des déplacements pour « faire » (excepté la présence d'une VSI de Rouge Beauté, l'envoi de jeunes en mission par Le Lémurien et des actions par les Amis de Tsiro ou Rouans Amitié Madagascar). Mais le voyage est aussi un moyen de co-construction de projets. Rester en France, c'est être seulement financeur.

La dimension affective est souvent présente et peut être particulièrement forte. Un exemple dans un texte écrit pour les 25 ans d'une association : « depuis 83 mon cœur bat pour Madagascar et, depuis 98, il réside là-bas presque 24 heures sur 24. »

Du rôle des voyages

Les rencontres lors de voyages deviennent un élément qui joue de plus en plus dans le déclenchement de l'engagement. Ce n'était pas le cas il y a trente ans. C'est après quinze ans de soutien que se fait le premier voyage de Rouans Amitié Madagascar, une dizaine d'années pour ASEM La Grigonnais.
Pour tous, l'engagement va aussi permettre d'autres voyages plus riches de rencontres, une immersion dans la vie bien différente des séjours touristiques. Le voyage est une initiation qui permet une connaissance plus « intime » des réalités, donc une possibilité de connaissance et de compréhension de la « culture » au sens des modes de pensée.

Les formes d'organisation ici

Nous trouvons très fréquemment dans ces structures un.e « leader », fortement investi.e.. Si l'objet est à forte technicité (exemple du microcrédit) c'est le spécialiste. D'autres associations, mais peut-être n'est-on pas dans la même technicité, peuvent avoir plusieurs « leaders », par exemple Solidev.

La difficulté de l'évaluation
L'évaluation nécessite une technicité (voir chapitre suivant) qui n'est pas toujours acquise. De plus, la forte implication affective que l'on perçoit fréquemment rend sans doute plus difficile l'évaluation : elle peut inciter certains à l'insatisfaction permanente, « il y a tant de besoins ». D'autres auront beaucoup de difficultés à admettre les échecs, « quand on voit tout ce qu'on a fait... ».

La multiplicité des petits contributeurs donateurs implique une moindre fragilité par rapport aux organisations qui dépendent de fonds publics, de l'État via l'AFD, l'Europe ou les collectivités territoriales.

Rester petit
Pourquoi le développement du groupe ou du périmètre de l'action peut-il être perçu comme dangereux par certains ? La crainte de ne plus maîtriser ? De perdre l'entre-soi confortable ? Donnons la parole à une responsable d'association : « Nous ne souhaitons pas étendre l'association. Une petite structure est plus propice à l'efficacité, même si les actions restent modestes. La gestion financière est précise et l'argent bien utilisé... du moins on essaie. »

Intérêt du temps long
Cette relation dans le temps permet des évolutions vers une relation moins inégale. Une évidence : il faut apprendre à se connaître. Un responsable d'association raconte : « il y a cinq ans, quand je parlais à une artisane, elle me répondait toujours en baissant les yeux et disait toujours oui. Maintenant elle me regarde quand elle me parle et ose parfois dire non. »

Collectifs et regroupements
Nous envisageons ici les possibles coordinations et non des « fusions ». Des associations sont très ouvertes au travail avec

d'autres, se donnent des coups de main. D'autres sont centrées et même refermées sur leur action, leur groupe partenaire.
Pourquoi refuser de se regrouper ? On peut penser au « coût » en temps pour quelques réunions supplémentaires, peut-être le risque de se montrer et d'être jugé. Mais, *a priori*, il y a bien des avantages à communiquer ensemble, échanger des informations, des compétences, des savoir-faire. De plus, toutes ces petites associations n'ont pas de visibilité d'ensemble, une visibilité qui ne pourrait advenir que par une structure collective. Les collectifs restent marginaux et sont vus par certains sous un angle uniquement utilitaire.
Il y a certes un intérêt à se côtoyer dans des collectifs mais aussi intérêt à ce que chaque association garde son identité et son rôle. Une grosse association de Loire-Atlantique ne regrouperait pas 50 personnes dans une salle, un soir à La Grigonnais, pour entendre parler de Madagascar. Parler du Père Malo évoque quelque chose dans ce bourg mais rien à 30 kilomètres.
Sans doute aussi, il n'est pas nécessaire de créer une force (d'opposition) car il n'y a pas d'« adversaire » (que ce soit l'État, la « Françafrique », etc.), à la différence du cas particulier de la Palestine.

Remarque concernant les noms des associations
Faut-il y voir le signe d'une vision différente du rôle ? Souvent les plus grosses sont dans l'action réparatrice : Aide et action, Secours catholique, Secours populaire, Handicap international... l'inégalité de situation est au fondement de l'action. Ou bien la référence est dans la compétence : MSF et tous les SF.
Pour les plus petites, la référence est souvent aux lieux ou aux liens (mot amitié, par exemple) ou bien il y a utilisation de noms malgaches, signe d'un autre type de relation (avec ses limites géographiques), mais aussi d'une acculturation ?

Des similitudes pourtant
Si nous percevons des différences, il ne faut pas nier ou occulter ce qui rapproche ces différents types d'organisations. Les motivations de ceux qui s'engagent ont certainement beaucoup de similitudes : la sensibilité à la détresse, à la pauvreté, aux injustices, la compassion, d'où la recherche d'une réponse à

l'émotion dans une démarche altruiste. Mais ils savent aussi faire appel à l'émotion des autres. Toutes ces organisations jouent un rôle de sensibilisation aux questions de développement. Elles participent à l'éducation au développement (et/ou éducation à l'altérité) notamment en intervenant dans les écoles, mais aussi par les réunions publiques et les discussions informelles (l'EAD ne concerne pas que les jeunes).

Différentes et complémentaires ?
Les petites associations ne constituent pas un ensemble homogène. Les ressources (dans tous les sens du terme) sont très variables. Certaines associations savent mobiliser des financements externes relativement importants des collectivités (au delà de la commune siège), des entreprises, d'autres pas ; une différence liée au capital social ou culturel des membres actifs, aux relations professionnelles, au savoir-faire pour monter des dossiers, aux liens avec des institutions telles que les Rotary. De même, certaines font le choix d'être dans des collectifs, d'autres, non.

Sommes-nous en présence, avec ces petites associations, d'une version du « small is beautiful » ? Déjà en 1997, Jacques Ion[62] remarquait la diminution d'influence des structures généralistes au profit d'associations plus spécialisées. Je faisais le même constat par exemple à propos de la création des structures spécifiques pour soutenir les victimes de l'amiante alors que les syndicats prenaient déjà en charge cette question dans le cadre professionnel[63]. On pourrait aussi évoquer la multiplication des créations de micro partis, etc. Quel avantage y a-t-il à créer plutôt que d'entrer dans l'existant ? Un moindre « coût d'entrée » ? Une possibilité d'action plus rapide ? Souvent des événements, des rencontres ont emporté la décision.

---

62 Ion Jacques, *La fin des militants,* Paris, Les éditions de l'Atelier, 1997

63 Dessaivre Jean-Claude, *Évolutions, transformations des formes d'engagement collectif (sur le terrain du travail)*, DEA de sociologie, Université de Nantes, 2000

A côté des multinationales de la solidarité, il y a la production artisanale, les circuits courts, avec des acteurs connus ou identifiables, à la différence des organisations perçues peut-être plus impersonnelles. Ces petites associations participent à la création d'une offre d'engagement complémentaire, en partie différente. La multiplication des associations permet une diversification de l'offre en incluant la prise en compte d'autres dimensions du lien. Elle est révélatrice d'une conception du monde où les relations humaines sont une valeur essentielle ; il n'y a pas que l'efficacité instrumentale, matérielle.
Les différentes formes d'associations sont évidemment complémentaires mais aussi concurrentes pour la récolte de fonds et l'investissement de bénévoles. Mais elles « ne jouent pas dans la même cour ».
Pour toutes ces organisations, le don est une délégation aux acteurs impliqués, un soutien à ceux qui agissent.
Toutes ces organisations participent à « l'offre d'engagement » pour la solidarité internationale (on peut être donateur, membre du CA, celui qui tient un stand ou prépare un repas ou joue dans un concert). Les plus petites proposent quelque chose d'un peu différent.

Pourquoi, individuellement, faire un tel choix à un moment donné ? Question d'opportunité, de rencontres ? Nous avons eu connaissance de plusieurs passages dans un sens : quitter des grosses associations pour aller vers des plus petites. Ce sont toujours les mêmes raisons : la confiance à un ami et l'envie de relations plus personnelles. Mais peut-être que les mêmes raisons peuvent exister par rapport à des bénévoles d'antennes locales de grosses associations (avec un ami engagé au CCFD ou à FdH) ?

Caractériser ces petites associations ?

Les plus grosses associations apparaissent comme des « institutions » qui n'offrent pas nécessairement un cadre de réponse pertinent ou efficace dans l'immédiat aux questions posées à des acteurs potentiels par des sollicitations ou des problèmes constatés (l'implantation ou l'équipement d'une école, le

développement de l'autonomie des femmes dans tel ou tel village, etc.).
On constate bien sûr des usages différenciés de l'engagement dans une même association, donc attention aux généralisations, mais en général, on n'est pas dans l'engagement distancié présenté par J. Ion[64].
Pourquoi le choix d'un type d'actions, d'engagement, plutôt qu'un autre ? Qu'est-ce qui semble le plus légitime ? Le plus juste ?
Dans l'« humanitaire », l'urgence dicte. Pour les associations que nous nous proposons d'étudier ici, nous avons pu constater différentes logiques de création. Certaines le sont pour aider la famille ou les amis : on est dans la solidarité malgache classique. Pour beaucoup d'associations, nous avons pu voir qu'il n'y avait pas vraiment eu un choix entre plusieurs possibilités, mais souvent une relation, un contact (par hasard parfois). L'engagement apparaît alors souvent comme une évidence pour le premier cercle qui s'engage et qui va ensuite se justifier pour déclencher d'autres soutiens et d'autres engagements. Dans le temps, le « public des bénéficiaires » va se renouveler par exemple par la rotation des parrainages, ou de ceux qui obtiendront un microcrédit. La permanence est chez les « cadres » à Madagascar.

Les objectifs de ces petites associations sont toujours définis pour les pays du Sud, dans le cas étudié, Madagascar. Mais il y a aussi les effets ici, dans le groupe, au travers des liens créés par l'action partagée et par la connaissance d'autres cultures (que l'on pense par exemple à la relativisation du matérialisme occidental). Ce peut être une contribution à la mobilisation citoyenne.

La « dispersion » avec toutes ces petites associations peut sembler incompréhensible et même préjudiciable à certains observateurs. Ce n'est pas évident. D'ailleurs la fusion n'est pas pensée et n'est sans doute pas pensable pour ces acteurs. Donc, peut-être, faut-il se poser plutôt la question des liens entre

---

64 Ion Jacques, *op. cit.*

toutes ces associations. Ils peuvent être intéressants et au-delà de la mutualisation des savoirs. En s'unissant ces associations pourraient jouer un autre rôle et notamment devenir, en plus, force d'interpellation. Mais nous avons été frappés, en parlant avec des personnes engagées dans des relations de solidarité internationale pour divers pays, de la méconnaissance des autres associations de la région qui interviennent dans le même pays.

16- Retour sur quelques concepts, orientation vers d'autres questions

Les pratiques décrites dans les entretiens, donc les mots des acteurs, mettent en lumière un certain nombre d'enjeux. Nous avons essayé de décrire ce que font ces groupes, ce qu'ils produisent et, autant que faire se peut, pourquoi ils le font. Il est donc question de motivations, de valeurs, d'actes et d'effets produits. Une réflexion sur les mots et donc les concepts utilisés pour décrire tout ce « monde » peut nous aider à le comprendre.
Les réflexions qui suivent peuvent certainement être modulées selon les types d'associations et ne sont sans doute pas spécifiques aux organisations étudiées ici.

Solidarité

La solidarité n'est pas un concept nouveau mais son contenu évolue. La solidarité est certainement une valeur mais qui peut se concrétiser de bien des façons. Nous pensons pouvoir affirmer qu'il y a une recomposition des espaces de solidarité.
En préalable, il faut penser à distinguer solidarité volontaire, librement consentie (dont il est question dans cette étude) et la solidarité sous contrainte, institutionnelle, mais fondement de notre « contrat social » notamment par l'impôt ou la Sécurité sociale. Si la solidarité est lien, dans la solidarité volontaire, le lien est choisi et évitable, il est en général antérieur à l'action mais il s'approfondit dans l'action.

Nous utiliserons, pour réfléchir à cette question, certains ouvrages, et notamment (sauf mention contraire dans cette section) un ensemble de contributions, sous la direction d'Alain Supiot[65], un juriste, qui retrace l'histoire du concept depuis le droit

65 Supiot Alain (dir.), *La solidarité, enquête sur un principe juridique,* Paris, Odile Jacob, 2015

romain, puis décrit son utilisation dans d'autres civilisations et montre son évolution, notamment dans le domaine du droit. La solidarité internationale n'est pas centrale dans cet ouvrage, elle n'est pas abordée spécifiquement, mais la réflexion générale sur le concept est intéressante pour notre sujet.

De la charité à la solidarité

Comme rappelé dans le chapitre 12, en Grande-Bretagne, les associations présentées ici entreraient dans la catégorie des *Charities*.

Ici, en France, les acteurs de ces associations (la très grande majorité en tous cas) ne souhaiteraient certainement pas être dans la catégorie des « œuvres charitables ». Dans le vocabulaire de la France de 2018, nous avons deux termes, solidarité et charité : le premier désignant, une valeur, donc avec une connotation positive, le second, utilisé comme qualificatif de certaines pratiques (celles des autres, bien sûr) à connotation négative (sauf peut-être dans quelques milieux catholiques traditionnels ?).

Cette disqualification de la charité n'est pas nouvelle : déjà en 1924, Marcel Mauss[66] affirmait « la charité est encore blessante pour celui qui l'accepte, et tout l'effort de notre morale tend à supprimer le patronage inconscient et injurieux du riche « aumônier » -i.e celui qui fait le don, ndr-.

Comme le rappelle Luc Boltanski (La souffrance... p 97) « la charité est liée au christianisme ». Pour beaucoup, la charité renvoie à la caricature des « bonnes dames patronnesses » et à leurs « œuvres de bienfaisance », pour les « pauvres »... victimes de l'exploitation dont elles profitent. Mais le lien avec le christianisme n'est pas suffisant pour expliquer ce discrédit. Beaucoup d'associations qui agissent en lien avec des structures religieuses ne veulent pas être dans la charité, c'est à dire seulement le don du riche au pauvre. La charité est une réponse à la souffrance mais la dissymétrie est fondamentale.

---

66 Mauss Marcel, *Essai sur le don, Forme et raison de l'échange dans les sociétés archaïques*, Paris, PUF 2007, extrait de L'année sociologique 1924-1925

Pour aller plus loin dans cette réflexion sur le passage de la charité à la solidarité, on peut relire quelques citations extraites de l'ouvrage publié sous la direction d'Alain Supiot :
« À la différence de la charité (ou de son avatar contemporain : le *care*) la solidarité ne divise pas le monde entre ceux qui donnent sans recevoir et ceux qui reçoivent sans rien donner : tous doivent contribuer au régime selon leurs capacités et tous ont vocation à en bénéficier selon leurs besoins » (p. 12).
« Fondée sur la réciprocité, elle (la solidarité) s'est définie par opposition avec la charité, compassion sans réciprocité, qui pousse à donner sans rien attendre en retour. Reconnaissant à tous les hommes une égale vocation à donner et à recevoir, elle a été conçue comme une expression de la dignité humaine » (p. 13).
Une autre réflexion particulièrement évocatrice est celle de Danouta Libierski-Bagnoud : « cette confusion entre la solidarité et la charité est fréquente et n'est pas sans lien avec le débat qui entoure la découverte faite par Marcel Mauss du caractère à la fois *intéressé, contraignant* et *obligé* du don, débat qui se perd parfois dans les sables de discussions sur la nature du « vrai don » qui, comme la « vraie solidarité », devrait être gratuite, sans attente d'un retour » (p. 170).

Et la philanthropie ?

Et-ce que le concept de philanthropie pourrait être approprié pour penser les pratiques de ces petites associations ? Le problème est que, dans l'acception de notre début de XXIe siècle, il semble bien que ce terme soir réservé aux pratiques des très riches, les milliardaires, les maîtres des GAFA par exemple[67]... Ce n'est pas vraiment notre sujet.

Retour sur l'histoire du concept de solidarité

Le mot est " inventé " en 1804 par Pierre Leroux. Il s'en explique : « j'ai voulu remplacer la charité du christianisme par

67 Sur ce thème, voir par exemple un cahier du journal *Le Monde* du 12 octobre 2017 à l'occasion d'un colloque organisé à Genève avec le journal *Le Temps*

la solidarité humaine[68]. » Et comme le rappelle Jacques Chevalier : « la solidarité est née en tant que discours construit, en tant qu'idéologie à la fin du XIXe siècle : elle implique alors une représentation nouvelle du lien social et politique qui débouche sur une transformation en profondeur des modes de gestion du social et des formes d'intervention publique ; le solidarisme est alors le moyen d'enraciner la République en la dotant d'une légitimité nouvelle[69]. » La doctrine s'élabore entre 1885 et 1924. Mais la solidarité est pensée au niveau d'une nation ou d'un groupe social et, comme le rappelle Émile Durkheim, « partout où il y a des sociétés, il y a de l'altruisme, parce qu'il y a de la solidarité » (cité par Pierre Musso, p. 93). Ceci ne signifie pas que l'usage en soit le même partout et comme le rappelle (p. 141) Anne Cheng à propos des solidarités en Chine ancienne : « Quand on dit *réciprocité,* surtout dans notre contexte français et républicain, on comprend tout de suite *égalité.* Or ici la réciprocité ne présuppose ni n'implique l'égalité puisque, bien au contraire, elle maintient et entretient la relation de complémentarité hiérarchique entre le prince et le sujet, entre le père et le fils... » Ces réflexions peuvent nous aider à penser ce concept parfois utilisé dans des acceptions bien diverses et dont le renouveau de l'utilisation est, semble-t-il assez récent.

Quel rapport entre culturel et solidarités ?

« Association de Solidarité Internationale » n'est pas une catégorie parfaitement définie. On rencontre des associations qui se définissent comme culturelles et qui pourtant revendiquent aussi d'être dans cette catégorie. Ceci renvoie évidemment à l'acception choisie du terme « solidarité ». On a vu qu'il n'y avait pas nécessairement asymétrie. On peut considérer qu'à la base du concept de solidarité, il y a la reconnaissance de l'appartenance à un même monde, mais cela

---

68 Pierre Leroux, *La grève de Samarez*, Paris, Dentu, 1859

69 Jacques Chevalier in *La solidarité, un sentiment républicain ?,* Paris, PUF 1992, rapports et contributions au colloque organisé à Amiens par le CURAPP de Picardie et l'Université Paris VII (25/10/91), p. 5

ne suffit pas non plus, sinon, toute activité d'échange pourrait être qualifiée de solidarité.
Les activités visant à la promotion culturelle d'un pays ont une autre ambition. Mais toutes les associations qui œuvrent dans ce domaine n'ont pas la même ambition et on peut interroger leur pratique : pourquoi le besoin du statut d'association ? Est-ce un groupe ouvert ou fermé ? Qui a la possibilité de faire, de pratiquer dans ce groupe ? De quelle forme d'ouverture à l'autre est-il question ?

La musique seule, ou l'artisanat traditionnel seul, ne permettent pas d'entrer dans la complexité de la culture malgache ; mais ce sont des moyens d'entrer en relation. La culture est moyen d'échange, de connaissance réciproque. Elle permet l'affirmation de soi, est un moyen, une façon d'exister. C'est en ce sens que des pratiques telles que celles d'Hetsika ou de Casa Africa qui présentent en France des réalisations malgaches ou qui, comme Hetsika, monte à Madagascar des œuvres telles que des opéras avec des enfants des rues sont des actes de solidarité. La présentation de la culture du pays d'origine est, pour des personnes de la diaspora, aussi un moyen d'offrir et de participer à l'échange.

Voyage solidaire ?
La frontière entre l'entreprise commerciale et l'association de solidarité n'est pas toujours très nette. Qu'en est-il de celles qui organisent des « voyages solidaires ». Rappelons tout d'abord qu'il n'existe pas ou peu d'activités avec un but unique... même pour le dynamique militant associatif désintéressé qui « va sur le terrain ». Le voyage solidaire affiche à la fois des objectifs de découverte, de connaissance, de loisir et de solidarité. Nous considérerons donc que les associations-entreprises de voyages solidaires peuvent être aussi des vecteurs de solidarité.

Les conceptions de la solidarité
Ce concept est bien complexe et polysémique. Dans l'ouvrage déjà cité, A. Supiot (en référence à C. Malamoud, p. 10), en repère cinq sens :

- sens affectif de la compassion
- sens sacrificiel de l'abnégation

– sens synallagmatique de la mutualité
– sens coopératif de l'action collective
– sens objectif de l'interdépendance.

A. Supiot le présente historiquement, d'abord comme un principe juridique en droit romain, puis expose comment la solidarité est apparue comme principe d'action de groupes face au sentiment d'injustice, puis comme principe d'organisation puis moyen d'égalisation des chances, et enfin périmètre d'entraide.

Rappelons ce poème du poète persan, Sa'di de Shiraz (mort vers 1291) qui orne l'entrée principale des Nations Unies à New York :
« Les descendants d'Adam sont les organes d'un même corps
Car ils ont été créés d'une même et unique substance.
Lorsque les vicissitudes de l'existence font souffrir un des organes
Les autres ne peuvent rester indemnes.
Toi qui es insensible à la souffrance d'autrui
Tu ne mérites pas d'être appelé « humain ».

Hannah Arendt parle de « zèle compatissant » ou de « cet élan impérieux qui nous attire vers les hommes faibles[70] ». Certes, mais, quand on parle de solidarité, on parle aussi d'autre chose. Dans l'ouvrage dirigé par A. Supiot, Pierre Rodière (p. 312) précise : « la solidarité est ce qui soude, réunit ou met en commun, solidifie ». Si, comme le dit M. Mauss, le don est lien, on peut sans doute dire aussi que la solidarité est dans le lien. Comme le rappelle Pierre Musso (p. 93) « la problématique à laquelle est censé répondre le concept de solidarité (...) est celle de la nature du lien social ».

Ceci nous permet de penser notre ou nos monde(s). Dans notre langage courant, on dit souvent que Madagascar et la France sont « deux mondes » mais on peut le dire aussi d'une grande ville et de la campagne ou de Montreuil-sous-Bois et de Saint-

---

70 H Arendt *Essai sur la révolution*, Paris, Gallimard 1967 pp. 106-107

Mandé qui sont limitrophes. Il y a besoin d'autres mots pour dire des univers sociaux si différents. Ce n'est pas seulement de la subtilité sémantique. L'unicité du monde est un fait (que l'on pense à la problématique écologique) mais aussi une construction permanente face aux facteurs d'éclatement. Pour cela, la solidarité est un enjeu et un outil.

La solidarité est un moyen et une fin pour construire un ensemble « solide », fait de liens forts. D'où l'importance de créer de la relation autant que d'offrir des prestations. C'est l'idée d'un monde commun, d'une commune humanité et d'une réciprocité possible... et ce n'est pas évident ! Quels échanges possibles ? Il existe une réelle difficulté à faire percevoir à des Malgaches ce que peuvent être leurs apports (culturels, humains, etc.) et à les placer dans l'espace des biens échangeables : difficulté par exemple à avoir des courriers qui ne soient pas seulement de remerciement de la part des enfants parrainés, avec souvent des phrases telles que « je n'ai rien à vous dire ». Façon de dire « je pense que ma vie n'a rien d'intéressant pour vous » ?

La solidarité se construit. Elle nécessite une proximité qui peut être d'origine ou de rencontre. Dans la solidarité internationale, il y a en général une asymétrie de situation économique qui provoque un don, puis l'extension de la solidarité se fait par la mobilisation de liens existants (réseaux familiaux, amicaux, professionnels) ici, puis la construction se fait dans la durée. Le lien est aussi important que le don mais on sait maintenant que les deux sont liés.

De nombreuses questions peuvent encore être posées quand on essaie de penser ce concept de solidarité internationale : solidarité avec qui prioritairement ? Face à d'immenses besoins, il n'y a pas de critères de choix précis définis. Il y a le hasard des rencontres, des émotions, des relations, des personnes qui nous deviennent des proches. Est-ce que l'on pallie des carences des solidarités locales ? Parfois sans doute... Est-on dans un processus de « réparation » ? On ne peut pas évacuer une certaine mauvaise conscience liée à la colonisation.

Conscience d'une « dette » ? Elle peut exister de façon diffuse, ce n'est pas évident. Est-ce que l'origine de l'engagement est essentiellement dans les différences perçues de statuts économiques, intellectuels ? Ceci nous renvoie à l'idée de justice. Pour les personnes rencontrées, il est « juste » de participer volontairement, individuellement et avec des proches, comme il est juste de solliciter le soutien d'institutions, collectivités territoriales, fondations d'entreprises, « juste contribution »... comme on voudrait que l'État apporte la sienne avec, depuis plus de 40 ans, un objectif revendiqué de 0,7 % du PIB mais, dans les faits, environ 0,4 % actuellement.

Jean-Pierre Laborde (p. 109) pose une question à laquelle il se garde bien de répondre à propos de « toutes les formes de la solidarité internationale, de la solidarité familiale, à la solidarité de groupe ou de catégorie » : « s'agit-il de différentes déclinaisons d'un même concept ou de solidarités de natures différentes ? C'est une des premières énigmes de la solidarité. »

Le don

Que l'on parle de charité, de solidarité internationale ou de coopération, il y a, à un moment, un acte de don.
Si on évoque le don, la référence est évidemment dans les travaux de Marcel Mauss. Mais penser avec Mauss se heurte à des difficultés. Le don étudié par Mauss met en jeu des communautés ou sociétés. Dans ce que nous étudions ici, il n'y a pas des groupes en compétition qui échangent des dons. On n'est pas dans le don agonistique. Nos « tribus » ne sont pas dans un échange de dons/contre-dons pour l'honneur. La dissymétrie initiale est trop forte. Nous sommes très loin des sociétés archaïques de Polynésie ou du Nord Amérique. Pourtant, la thèse de Mauss peut nous être utile pour comprendre ce qui est en jeu dans ces pratiques, et nous évoquerons deux aspects : le don n'est pas un geste gratuit et unilatéral et dans le don, c'est le lien plus que l'objet qui compte.

Les réflexions de chercheurs qui se situent dans la lignée de M. Mauss sont intéressantes pour nous. Jacques Gotbout[71], par exemple, rappelle que la transmission n'est pas le don réciproque. Il existe des écarts générationnels : les dons diffèrent selon les âges de la vie. L'enfant pourra rendre plus tard, sous une autre forme, à ceux qui lui ont donné... ou à d'autres. On a reçu une éducation, on permet plus tard à des enfants de Madagascar d'y accéder (par le soutien à une école, le parrainage), ou à des adultes d'acquérir une formation (Rouge beauté). De même celui qui a un emploi permet à d'autres de créer le leur par le microcrédit : il s'agit en quelque sorte de « rendre ». L'explication de la création de l'association Ankadibe est significative : F. a reçu de son frère, elle fait don au village. Le don circule.

J. Gotbout distingue le don primaire (à la famille) et le don aux étrangers, mais le centre Handri n'est pas un milieu étranger pour les bénévoles les plus actifs de l'association ; en général, les bénéficiaires des actions des petites associations ne sont plus des « étrangers ». Nous avons donc besoin d'une catégorie intermédiaire (entre le réseau primaire et les étrangers) compte tenu de l'incidence de l'évolution de nos perceptions du proche et du lointain induite par « l'extension de notre monde ».

Don et contre-don ? Il faut parfois chercher le contre-don. Dans le discours de la directrice du Centre Handri ou des enfants il y a bien, assez souvent, l'expression « Dieu vous le rendra ». Tout le monde n'en est pas persuadé.
M. Mauss rappelle qu'entre le don et le contre-don il faut du temps et que ce temps permet et fait le lien. On peut aussi considérer que les petites associations, en instituant une relation durable, offrent la possibilité du contre-don, ce qui est impossible pour les urgentistes et les plus grosses associations pour lesquelles la relation est limitée dans le temps et anonyme.

---

71 Gotbout Jacques T, *Le don, la dette et l'identité. Homo donator vs. Homo oeconomicus*, Lormont, Le Bord de l'eau, coll. « La Bibliothèque du Mauss », 2013, 1ère éd., 1998

Évidemment, il est peu probable que ce soit un objectif explicité dans ces petites associations.
Pour les militants associatifs, une forme de contre-don reçu par rapport à leur don de temps est dans la reconnaissance là-bas. Il faut bien sûr distinguer le contre-don et l'ensemble des gratifications de l'action. Dans ce dernier ensemble, on trouvera la reconnaissance ici et la réussite des actions (succès scolaire, réalisation d'infrastructure, progrès de santé, etc.). Mais on n'est pas dans la réciprocité.
Un cas particulier doit être réfléchi. Plusieurs associations se sont créées suite à des adoptions à Madagascar. Est-ce que, dans ce cas, le don premier perçu par les Occidentaux n'est pas celui de l'enfant ? Pour les Malgaches, ce n'est pas toujours évident. Une expression entendue à Madagascar : la famille adoptive « prend en charge ».

A propos de cette question du don, il est aussi intéressant de comprendre à qui il est fait. X fait un don pour une école à Madagascar. En réalité il fait d'abord le don à son ami Y en France (qui pourra faire le contre-don). Le don personnalisé, pour une « cause » est aussi (d'abord ?) le don à un parent, à un ami, qui s'engage pour cette cause. Cet ami incarne l'association, l'association fait partie de sa personnalité. Le don permet de confirmer la relation d'amitié. Les formes de l'appel aux dons dans la Course des héros et les messages des réponses révèlent la nature du don : un de ses intérêts majeurs est dans le renforcement du lien ici en France. Nous avons aussi pu constater les recueils de dons à l'occasion d'obsèques, ce don est fait à l'ami-e- décédé-e- pour une cause qui lui était chère.

Un autre aspect du don ne doit pas être négligé. Grâce aux petites associations et aux relais qui sont des proches, le destinataire final peut être identifié, rencontré. C'est une des motivations du parrainage individuel. Le don a donc souvent un double destinataire et est, de fait, à double objectif.

Dans les pratiques des associations, plusieurs logiques peuvent se succéder ou cohabiter : logique de don d'abord, puis de partenariat. S'il est fait appel à des financements d'État ou de

collectivités territoriales, on entre dans une logique d'État : coopération avec des critères objectifs, souci de rationalité. Il peut être difficile parfois de faire comprendre le passage d'une logique à l'autre.
En tout cas, on ne peut pas penser dans la logique de l'acteur rationnel, de l'homo oeconomicus. L'échange est souvent inégal. Mais il est bon de se rappeler que les dons ne doivent pas nécessairement être qualifiés d'actes de charité (que l'on se rappelle les dons dans la famille).

Dignité, indignité

Le don étant souvent perçu à sens unique, il peut donner l'impression d'entretenir une situation de dépendance, de ne pas s'attaquer aux racines du mal, parfois même d'entretenir des formes de domination ou de faire le jeu de gouvernements corrompus ou du « système », ce qui peut créer un certain malaise. Les accusations portées par des détracteurs d'actions de solidarité internationale, qui se donnent l'apparence de la position distanciée de ceux qui ne se laissent pas dominer par l'émotion ou les « bons sentiments », peuvent semer le doute. Elles recouvrent parfois une part de vérité mais peuvent se révéler aussi simplistes, sinon plus, que la pensée de ceux dont l'action est visée. Peut-être qu'en considérant d'autres dimensions de la question, en pensant avec d'autres mots ou d'autres concepts, il est possible de nuancer ce « jugement de valeur ».
Et si ces actions de solidarité étaient le passage obligé, ou au moins un des passages possibles, dans un contexte donné, à un moment donné, pour que certaines personnes retrouvent un sentiment de dignité, une certaine estime de soi ? Faire des études, accéder à une activité économique permettant de subvenir aux besoins de la famille, participer à une création culturelle, utiliser des installations sanitaires, etc. Des activités qui peuvent aider à sortir de ce sentiment d'indignité si destructeur. L'émancipation ne se décrète pas. Elle se construit, et pas seulement avec des discours.
Certes, l'échange est inégal, pour reprendre une expression usuelle des années 70. Et ceci implique que des précautions sont

indispensables pour lutter contre l'intériorisation de l'inégalité et de la domination, contre la conscience même d'une forme d'indignité. Le risque de dépendance lié à l'aide dans la durée longue est évident, mais, peut-être, faut-il accepter, pendant un temps, ce don sans contre-don immédiat pour permettre aux bénéficiaires de regagner une estime de soi, l'accès à un statut, préalable à une relation ultérieure plus égalitaire.
Le don peut être une atteinte à la dignité mais il peut aussi permettre au destinataire de s'engager dans un processus de restauration de sa dignité dans les autres aspects de sa vie, ses autres relations. Dans les actions que nous avons présentées, en général, il ne s'agit pas de don d'un produit consommable, d'un objet, mais de quelque chose qui permet l'accès à une « capabilité » selon l'expression d'Amartya Sen. Comme le disent des membres de Rouge Beauté ou de Zanaka, « permettre le changement c'est d'abord montrer qu'autre chose est possible ». Il existe d'abord des besoins vitaux ou fondamentaux (nourriture, santé, éducation, environnement) ; leur satisfaction est un préalable à l'acquisition de l'autonomie... et un jour peut-être se concrétisera cette phrase taguée sur un mur de Tana : « un jour les Malgaches domineront. »

Le rapport au religieux

En France, les associations sont en général laïques mais à Madagascar, les organisations religieuses contribuent fortement à la structuration de la société civile. Dans notre enquête, nous avons pu constater qu'un très grand nombre d'associations sont en lien avec des structures religieuses à Madagascar.
On peut penser dans un premier temps à la valorisation du don très présente dans l'Évangile (Bon Samaritain, Jésus « donne sa vie » mais il évoque aussi la complexité du destinataire : « ce que vous faites au plus petit des hommes, c'est à moi que vous le faites. » On a pu entendre aussi que l'Église était « la mère de toutes les sociétés civiles ».

En France, le rapport au religieux est complexe : la société s'est laïcisée mais l'empreinte de la culture religieuse est toujours présente, notamment dans les générations particuliè-

rement actives dans ces associations. Voir par exemple les travaux de Johanna Siméant sur la socialisation religieuse[72].
Des associations du département sont liées aux structures d'Église catholique, comme les congrégations originaires de la région. On notera que le soutien à des missionnaires de la famille ou du village a été une explication de la création des associations les plus anciennes (Amis de Madagascar Prinquiau, Solidev, ASEM La Grigonnais) mais que cette configuration n'apparaît plus ensuite. Par contre, des personnes se rendant à Madagascar et souhaitant s'y investir y rencontrent très souvent les religieux.
D'autre part, la socialisation religieuse dans l'Ouest, qui n'est pas l'apanage de ceux qui ont été élèves des écoles chrétiennes, a constitué un terreau militant qui se retrouve aisément dans ces ASI.
De nombreuses écoles privées en France sont présentes dans les soutiens aux associations.
Dans l'édition spécialisée, on retrouve le milieu d'origine chrétienne à l'Harmattan ou Karthala. Il en a été de même dans la presse avec *Croissance des Jeunes Nations* des éditions de *la Vie Catholique*.

Rôle et place de la religion à Madagascar

À Madagascar, le religieux est présent dans l'espace public. Il joue un rôle dans la vie politique : par exemple en avril 2013, la réunion de toutes les mouvances à Ivato pour trouver une issue à la crise qui paralyse le pays est à l'initiative des Églises. L'ancien président, Marc Ravalomanana, avait une responsabilité importante dans la FJKM. Sous sa présidence, un référendum, en 2007, a éliminé la séparation explicite entre Églises et État. Au niveau d'une région, on a pu voir avec l'association PHI, que c'est la Commission diocésaine santé de Tsiroanomandidy qui met en place une centralisation des médicaments pour les dispensaires du diocèse et les stocke dans ses locaux.

---

72 Siméant Johanna, « Socialisation catholique et biens de salut dans quatre ONG humanitaires françaises », *Le Mouvement Social* 2/2009 (n° 227)

Le poids relatif des religions diffère selon les pays d'Afrique. À Madagascar, on note une moindre présence de la religion musulmane. Il semble qu'il y ait environ 40 % de chrétiens, avec un nombre à peu près équivalent de catholiques et de protestants, davantage de catholiques sur les côtes, de protestants sur les Hautes Terres. Les musulmans sont plus présents dans le nord et le nord-est du pays. Leur nombre est évalué à 7 %. Le culte des ancêtres est toujours très important et est une dimension d'un syncrétisme parfois surprenant pour des Occidentaux.
Dans la vie personnelle, la religion est toujours très présente. Au Centre Handri, les enfants sont accueillis sans distinction de religion, mais il y a la prière au début du repas et les enfants utilisent souvent « que Dieu vous bénisse » dans les courriers à leurs parrains. Les enfants sont en général scolarisés dans des écoles religieuses (avec l'argument de la qualité de l'enseignement... compréhensible quand on voit l'état des écoles publiques).

Des rapports différents au religieux

Il peut y avoir de la part de créateurs d'associations au départ une volonté d'aider une structure religieuse ou une sollicitation d'un religieux connu ou tout simplement la recherche d'un interlocuteur « fiable » et alors on trouve une congrégation. Les structures religieuses sont souvent les seules à offrir une « porte d'entrée » fiable pour l'action.
La suite n'est pas toujours simple. Solidev le vit dans son souci de favoriser « l'émancipation » des femmes de la coopérative donc leur possibilité d'auto-organisation. Certaines religieuses, responsables localement ne sont pas prêtes à « lâcher » et l'association française se voit obligée de rechercher l'appui de la hiérarchie ecclésiastique... conflit de légitimité historique ?

Les acteurs français sont souvent imprégnés d'une culture laïque difficile à comprendre pour des Malgaches. Mais il est parfois surprenant, de notre côté, de voir les religieuses qui s'occupent de l'école privée aider leurs collègues de l'école publique pour obtenir des fonds comme l'indique la présidente de EAM Zaza Malagasy.

Globalement cependant, on peut dire que le soutien des petites associations de Loire-Atlantique concerne très majoritairement les écoles catholiques. Mais une surprise lors de cette enquête : il existe un nombre équivalent d'associations dans des départements de même population que la Loire-Atlantique mais sans la tradition catholique de l'ouest de la France.

Il semble bien que les écoles publiques (les EPP) soient moins soutenues. Elles ne bénéficient pas d'un réseau de connaissances équivalent. Cependant, certaines ont pu avoir un soutien de la part du Secours populaire ou de Solidarité laïque.

Rôle de la diaspora ?

Il s'agit d'un point que nous pensons important mais sur lequel il n'a pas été possible d'aller très loin dans cette phase d'enquête. Pour une analyse au niveau national, on pourra se rapporter à l'étude réalisée par l'Organisation Internationale des Migrations pour le ministère des Affaires étrangères malgache[73].

Le terme « diaspora » ne correspond pas à un critère administratif ou légal. Les auteurs de l'étude citée partent d'une première définition « ensemble des individus issus des migrations malagasy établies en France, conservant des liens avec Madagascar » et la précisent en considérant que « on le devient [membre de la diaspora] en le disant ». Donc, on en fait partie si on s'y reconnaît.
Une association peut avoir comme personne de référence, souvent initiatrice, une personne de la diaspora, rarement plusieurs. Ceci représente environ 15 % des associations sur lesquelles nous avons des données. Il y a peu de regroupements de membres de la diaspora pour créer des associations (sauf quelques associations culturelles). Patrick Rakotomalala, animateur du collectif ZAMA2016[74], estime que « les 4/5 des associations sont animées par des Européens ».

---

73 Étude du profil de la diaspora malagasy en France, OIM, FORIM, 2016
74 ZAMA : ZAnak'i Madagasikara Ampielezana (Les enfants de Madagascar dispersés)

Hetsika a participé aux premiers États généraux de la diaspora à Aix et note que la situation n'est pas la même à Nantes et dans d'autres villes. Une particularité à Nantes : ceux qui sont investis dans les associations ont le plus souvent un conjoint français. Ceci fait supposer que les couples, lorsque les deux sont Malgaches, sont peut-être plus dans le soutien à la famille et aux proches, sans passer par le canal associatif.

On notera aussi le fait qu'une initiative vienne de quelqu'un de la diaspora n'implique pas que son action est dans le village d'origine (voir par exemple Nosy Mitarika).

Tous les deux ou trois ans, Hetsika organise un événement appelé *Couleurs malgaches* à Nantes. Le 25 juin 2016, une table ronde était sur le thème du rôle de la diaspora dans le développement de l'Île. Selon des chercheurs malgaches, cette diaspora est évaluée de 100 à 140 000 membres en France. Son niveau de formation est souvent élevé, voire très élevé. Elle est en général bien intégrée dans la société française. Les transferts de fonds de la diaspora sont supérieurs à l'aide publique au développement mais les relations des personnes de la diaspora avec le pays sont assez souvent difficiles : « dès que tu es parti, tu n'es plus des nôtres » ou « on nous considère comme des donneurs de leçons ». Un sociologue, Jean-Claude Rabeherifara, évoque comme un handicap « le collectif à Mada qui est une chape de plomb » ; il poursuit : « il y a toujours une redevabilité vis-à-vis des parents ; quand on apporte au pays, c'est de façon contrainte. »

Il semble que, en France, l'appartenance religieuse est souvent déterminante dans la structuration de cette diaspora. Les relations entre communautés ne semblent pas toujours simples mais l'approfondissement de la question n'est pas facile pour le *vazaha* enquêteur.
Nous avons pu noter que les associations avec un ou des responsables qui sont de la diaspora sont évidemment plus sensibles aux tensions de la vie politique malgache. Ceci peut se manifester par exemple par le refus de solliciter des subventions de la Région, ce qui impliquerait l'obligation de travailler avec

des structures étatiques à Madagascar : « je ne voulais pas collaborer avec le gouvernement du DJ » (Andry Rajoelina, ancien DJ, président de la Haute Autorité de Transition de 2009 à 2014).

À noter que, dans beaucoup de pays d'Afrique, il y a un ministère de la diaspora mais pas à Madagascar où cependant vient d'être créée une Direction de la Diaspora au MAE... mais sans réels moyens de fonctionnement.

Dépasser (faire avec ?) les écarts culturels

Nous évoquerons dans cette partie la culture au sens des cadres de pensée et nous ne pouvons qu'encourager les personnes intéressées par ce thème à la lecture de l'excellent ouvrage de Øyvindt Dahl : *Signes et significations à Madagascar*[75].

Ce qui suit est évidemment à considérer avec prudence car les choses diffèrent selon les interlocuteurs et évoluent avec le temps et les rencontres qui sont occasions de « brassages culturels ». Attention aux stéréotypes ! Les éléments présentés ici correspondent au vécu des acteurs de terrain à un moment donné.

Nul doute qu'il existe entre la France et Madagascar des écarts et même peut-être des clivages culturels et qu'ils peuvent être source de difficultés dans le long terme[76]. Ils sont évidemment liés à l'histoire, aux formes traditionnelles de pensée mais aussi à la situation du pays. Dans un premier temps, il y a toujours une impression d'enrichissement réciproque. Puis peut venir le temps des difficultés.

---

75 Dahl Øyvind, *Signes et significations à Madagascar. Des cas de communication interculturelle,* Paris, Présence africaine, 2006, édition originale 1999

76 Sur ce sujet, il peut être utile de consulter le petit guide de questions : Michel Sauquet, Martin Vielajus, *Le Culturoscope,* Paris, Ed. Charles Meyer, 2016 et des mêmes auteurs, chez le même éditeur, en 2014, *L'intelligence interculturelle. 15 thèmes à explorer pour travailler au contact d'autres cultures.*

Il peut y avoir des difficultés dans la communication en général (l'utilisation d'un discours euphémisé par un Malgache qui ne dit jamais non... surtout à un « vazaha »). Il faut ajouter des rôles différents de l'écrit et de l'oral.
Pour la construction de projets communs, un des décalages sensibles est dans le rapport au temps : un temps pour les Malgaches et les Africains, circulaire et « polychronique » comme le dit Edward Hall [77] alors qu'il est considéré « monochrone » et linéaire pour les Occidentaux.
Il faudra aussi prendre en compte les différences d'articulation entre sphère publique et sphère privée : que ce soit pour les budgets, le temps ou l'espace, nous sommes, notamment en France, en principe dans la dissociation (avec certainement des évolutions). Ils sont beaucoup plus dans l'imbrication. D'où un rapport différent à la sphère professionnelle.
Les formes de rationalité sont aussi différentes dans un pays où les coutumes sont particulièrement valorisées et où l'expérimentation peut être préférée à la construction à partir de modèles scientifiques.
Dans les projets, des difficultés sont aussi possibles à partir de questions autour de la propriété du sol et du droit d'usage.
Une autre difficulté pourra venir ensuite avec le temps de l'évaluation des projets. Dans la vision occidentale, l'évaluation se fait sur des objectifs définis à l'avance et hiérarchisés. Mais qui dit objectif dit une vision relativement précise du futur. Or, souvent, le futur apparaît tellement imprévisible. D'autre part, devant l'accumulation des difficultés, comment les hiérarchiser ? Des dispositifs qui donnent des résultats sans que ce soient ceux qui sont attendus sont considérés comme positifs par les Malgaches, alors que le « technicien occidental » verra des objectifs non atteints ou une confusion dans les objectifs ou, pire, un détournement du projet.

Les situations économiques tellement éloignées sont parfois sources de totale incompréhension : comment faire comprendre l'intérêt d'un « fonds de roulement » pour une structure associative ?

---

77 Edward T. Hall, *Au-delà de la culture*, Paris, Seuil, 1979

Les systèmes de valeurs sont différents. Il existe une conception différente de la notion de solidarité. La nation, organisée dans le cadre d'un État est, en principe, pour la France, un « collectif pertinent de solidarité ». Ceci renvoie aux notions de service public, de citoyenneté, de civisme, de contrat social, etc. et a des implications sur le lien droit/devoir (paiement de l'impôt, par exemple).

Nous vivons en France dans une société individualiste ; ils vivent dans une société « holiste » hiérarchisée.
L'égalité est une valeur fondamentale affichée dans notre république... avec de nombreuses inégalités de fait. Les inégalités ne sont pas intégrées de la même façon à Madagascar (que l'on pense au rôle des chefs de village ou d'églises ou à la place des anciens). Des hiérarchies (entre les castes, les ethnies...) ont joué un rôle important dans le pays. Elles n'ont pas complètement disparu. D'une façon générale, il est surprenant pour nous d'entendre certains refus de remise en cause de hiérarchies établies : « il ne faut pas dépasser », « mais pour qui se prend-il ? ».
Enfin une des données qui est parfois difficile pour les Occidentaux (certains du moins) : l'intégration dans les esprits des multiples formes de domination et de dévalorisation et notamment celles qui résultent certainement de la colonisation. Entendu par un responsable associatif français dans la bouche d'un Malgache : « n'importe quel Blanc fera mieux qu'un Malgache. » Le « Blanc » est celui qui a la parole légitime.
Enfin, il va de soi que certains de nos concepts/valeurs leur sont étrangers : la laïcité, par exemple.

Nous ne nous étendrons pas sur tout ce qui est lié aux conditions économiques, sociales (le « poids du quotidien ») et politiques (sachant que le personnel politique est encore plus discrédité qu'en France avec des pratiques de corruption...).

Madagascar est africain et asiatique. Mais le pays s'insère dans la mondialisation.
Le temps permet d'apprendre à se connaître, d'où l'intérêt de ces associations qui s'inscrivent dans le temps long pour

dépasser ces difficultés et découvrir, comme le dit quelqu'un qui est dans les deux cultures, « c'est fou comme on se ressemble ».
Une dernière remarque : dans les associations, il peut aussi y avoir parfois des différences d'appréciation chez les membres actifs selon les connaissances que les uns et les autres ont ou n'ont pas de la culture malgache, qui se découvre notamment en passant du temps dans le pays. Ces visions différentes sont parfois aussi source de difficultés à l'interne.

Adhérent, militant et leader. Professionnalisation militante. Association, cadre démocratique ?

Adhérent ?
La notion d'adhérent n'est pas évidente dans le champ associatif du secteur humanitaire ou de solidarité. Le mot est utilisé couramment pour les syndicats ou les partis politiques, structures dans lesquelles sont utilisées (avec parfois des confusions) d'autres catégories : militants, responsables, élus. Le mot *militant* peut être utilisé dans certaines associations mais le plus fréquent sera *bénévole*. L'autre catégorie utilisée étant *salarié.*
Dans le secteur humanitaire ou de solidarité, on distingue les *bénévoles*, les *salariés*, s'ils existent et les *donateurs*. L'association, surtout dans le cas des « grosses », agrège les dons mais pas nécessairement les donateurs.
Axelle Brodiez remarque[78] que, dans le langage courant, le *militant* lutte, alors que le *bénévole* est défini par la non-rémunération. Ce ne sont donc pas des définitions qui se situent sur le même plan.

Il est parfois difficile de dire le nombre d'adhérents de l'association car il n'y a pas nécessairement d'acte formel d'adhésion. De plus, pour les parrainages par exemple, il s'agit

---

78 Axelle Brodiez « *Militants, bénévoles, affiliés, affranchis... : l'applicabilité historique de travaux sociologiques* ». *Les bénévoles et leurs associations. Autres réalités, autre sociologie*. Paris, L'Harmattan, Logiques sociales, 2004

souvent d'une démarche « familiale » (couples, mère/fils), donc une adhésion peut correspondre à un ou deux adhérents.

On peut penser que cette question est d'un formalisme sans intérêt. Elle peut se poser de façon aiguë s'il faut prendre une décision grave comme la dissolution de l'association, sauf quand cette dissolution est évidente par perte de capacité d'action. Pour les syndicats, cette notion d'adhérent est importante car considérée comme fondant la légitimité. Les partis l'utilisent par rapport à leur vie interne mais fondent essentiellement leur légitimité externe sur une base électorale. Est-ce que cette notion peut être intéressante pour les associations décrites ici ? Oui, si on essaie de penser le rôle de l'adhérent au-delà de l'acte de don.

Qu'est-ce qui distingue l'adhérent du donateur occasionnel actuellement ? En principe la possibilité de participer à l'assemblée générale, donc à un temps d'échange et de prise de décisions. Au niveau de la communication, en général, les sites ou blogs sont accessibles à toute personne qui le souhaite sans limitation ; le bulletin est envoyé largement et la non différenciation adhérent/non-adhérent se justifie si on considère qu'il est un outil de sensibilisation et de développement.

Pour les associations, il y a deux aspects à réfléchir :

- La dimension symbolique : « être adhérent » c'est « faire partie de », donc se sentir concerné plus fortement que si on ne l'est pas. On a pu constater, dans les dires de certains, que l'adhésion était considérée comme une dimension de l'identité personnelle.
- L'implication : être adhérent n'est pas synonyme d'être militant ou actif. Mais l'association peut proposer à ses adhérents la possibilité d'investissements limités. Cette activité peut être sur un thème précis ou par rapport à des actions ponctuelles décidées par le CA.

Militant ou leader ou catalyseur

En général, un groupe ne fonctionne pas sans leader. Dans le milieu associatif, le leader est celui qui s'engage, passe du

temps mais aussi, souvent, met en œuvre des compétences d'origines professionnelles et des qualités relationnelles. Il est aussi celui qui peut être dans plusieurs « mondes ». La réussite de l'association est souvent liée à la capacité de mobiliser des réseaux à différents niveaux (personnel, associatif, professionnel, politique, etc.). Éventuellement, le leader potentiel est celui/celle à qui le réseau a fait la proposition d'engagement, par exemple pour la naissance de Ankadibe, lors de ce repas entre amis : « alors on la fait, cette association ? ». Le leader peut être celui qui fait beaucoup mais il est d'abord celui qui permet de créer une aventure commune et de faire ensemble.
Il sera intéressant de suivre l'initiative de Zanaka qui vient de mettre en place un bureau exerçant une responsabilité collective, c'est-à-dire une « présidence collégiale ». Mais ceci n'évacue pas, *a priori*, la question du leadership.

Professionnalisation militante
Cette question a été étudiée et souvent débattue dans le cadre politique et syndical. Peut-on étendre cette réflexion au cadre associatif de la solidarité internationale et qui est concerné ? Dans un certain nombre d'écrits est mentionnée une « injonction à la professionnalisation », mais les structures concernées semblent être celles qui sont appelées « les ONG ».

Remarquons en préalable que la professionnalisation n'est pas seulement la « salarisation ». Ce concept de professionnalisation peut aussi recouvrir des activités bénévoles.
Par rapport au salariat, la professionnalisation va, *a priori,* de soi. Notons les réflexions de Matthieu Hély dans un entretien à *La Vie des idées*[79] en 2011. Il évoque la « dualisation » du monde associatif et distingue « associations classiques » et « entreprises associatives » : « il est certain que le fossé entre les associations " classiques ", administrées exclusivement par des bénévoles et dont l'activité économique demeure marginale, et les " entreprises associatives ", dont les effectifs salariés sont significatifs et dont les pratiques de gestion s'inspirent

79 Matthieu Hély entretien à *La Vie des idées*, le 25 novembre 2011 : « Quelle professionnalisation pour le monde associatif ? »

fortement du secteur marchand (*fundraising*, gestion des ressources humaines, communication, marketing auprès des donateurs, etc.) est appelé à devenir béant. » Un exemple significatif : l'École des Mines de Paris propose, dans le cadre de l'UMA, des modules de formation au « management associatif »... dont le coût de la journée n'est pas très adapté aux budgets des petites associations.

La question de la professionnalisation ou de la qualification se pose différemment pour les petites associations car elles interviennent rarement directement sur place. Mais on ne peut pas exclure *a priori* la dimension professionnalisation de l'activité bénévole. Ceci est évident pour l'animation d'une association sur le microcrédit ou la formation technique dans les métiers de l'artisanat.

D'une façon générale, les composantes de la professionnalisation sont l'expertise, la compétence du spécialiste, et donc la légitimité, mais aussi le temps passé, la durée de l'engagement, l'utilisation d'outils (Dropbox, plans comptables, etc.). La dimension professionnelle se retrouve aussi dans l'existence de contraintes, de formes de régulations, de définition et d'application de procédures. On peut aussi évoquer le savoir-faire « militant professionnel » dans la mobilisation des personnes et des ressources. Ce savoir-faire est particulièrement utile pour la participation institutionnelle ou dans les relations avec les collectivités territoriales ou les autres financeurs.

On peut dire que des ressources circulent entre activités professionnelles et activités militantes.

Professionnalisation ? Évidemment, il y a une certaine ambiguïté du terme et tout le monde ne « joue pas dans la même cour ».

Association, cadre démocratique ?

L'adhésion est aussi délégation, ici, en France, à des proches à qui on fait confiance. Qu'en est-il des bases du fonctionnement des associations ?

On constate des différences sensibles dans les modalités de fonctionnement. Ar Mada par exemple a un fonctionnement

qu'un médecin qualifie de « militaire ». Quelquefois nous voyons un leader qui décide de tout et qui, sans doute, reproduit le modèle de son activité antérieure. Le CA est une chambre d'enregistrement ou est inexistant. L'AG annuelle est un jour pour se retrouver avec un court moment formel statutairement indispensable. Il existe cependant des fonctionnements qui se veulent démocratiques avec un CA et/ou bureau qui prend les décisions, des réunions avec un ordre du jour, un relevé de décisions et pas seulement un compte-rendu. En général, cela dépend de la « socialisation militante » du/des leader-s-.
Une différence est à noter selon la proximité géographique ou non des membres du bureau ou CA. Cette proximité facilite les réunions en présentiel, mais Internet permet les conférences téléphoniques pour les autres... si quelqu'un les organise.
Il faut aussi prendre en compte une caractéristique de ce type d'organisation : l'action est le fait de deux entités « partenaires » donc le rapport entre ici et là-bas est essentiel. Les décisions ne sont pas toutes de même nature : elles peuvent concerner ce qui va être fait ici, là-bas, le comment faire, la logistique. Des choix qui sont « techniques » et d'autres que l'on peut qualifier de « stratégiques ». Quels sont les critères de décision ? Qui les définit ? Parfois l'association est seulement financeur des actions décidées par le partenaire.
Il semble bien que dans toutes ces associations, le pouvoir de décision est à ceux qui s'investissent le plus et on a toute la gradation... jusqu'à l'investi à 200 %.

Évaluation, légitimité

Évaluation

L'évaluation est une activité récurrente. Elle est formelle ou non, parfois sur la base de critères objectifs mais aussi souvent sur la base d'un registre « moral ». Chaque groupe est amené à évaluer ses pratiques notamment lors des CA et surtout lors de l'AG annuelle. Les collectivités territoriales évaluent la pertinence des projets quand elles sont sollicitées pour des subventions. On peut aussi entendre l'évaluation spontanée, subjective, de l'activité des autres.

Pour une association, l'évaluation peut concerner différents niveaux : celui de son fonctionnement, de son action de coopération dans son ensemble ou d'un projet particulier. Les critères sont variables selon l'objectif poursuivi par l'évaluation : les résultats là-bas ? L'évaluation de ce qui est produit ici ? On utilisera, selon les « besoins », les résultats concrets sur place, la pérennité des projets, l'absence d'effets pervers, l'évolution du budget, celle du nombre d'adhérents, les liens créés, l'animation et l'information ici, etc.
L'évaluation est indispensable et pourtant peu formalisée. Il est difficile d'objectiver et la part de subjectivité et d'affectif est importante. L'auto-évaluation, la réflexivité, est quelque chose de compliqué, l'évaluation peut susciter des craintes (crainte des conséquences d'une évaluation négative qui serait déstabilisante, crainte d'entrer dans une logique managériale alors que l'on est dans une optique militante). L'évaluation est souvent assez sommaire quant aux effets des actions, peut-être d'abord parce que les bases de discussion ne sont pas simples entre « donateurs » et « receveurs » du fait de l'inégalité de situation. D'autre part, les échanges qui permettent de se poser des questions sont limités entre associations (sauf par exemple dans le collectif Madagascar44). Tout ceci pose bien sûr le problème de la formation des « cadres » des organisations.

À un tout autre niveau, l'AFD n'évalue que des projets et bien sûr ne s'intéresse qu'à ceux qu'elle finance en partie, c'est à dire, pour l'enquête publiée en 2011[80], des projets entre 230 000 et 1 920 000 euros. Elle précise : « L'objet de cette évaluation *ex post* est de formuler une opinion motivée sur la pertinence, l'efficience, l'efficacité, l'impact et la viabilité des projets ONG dont le suivi a été transféré à l'Agence Française de Développement (AFD) ». Mais la conclusion de la mission d'enquête sur le terrain reconnaît les difficultés : « Les critères *impact* et *efficience* n'ont pas été retenus dans ces fiches. En effet, l'impact est un indicateur trop complexe pour être mesuré pleinement dans le cadre de cette étude limitée à l'identification

80 AFD, Évaluation ex-post de 15 projets ONG à Madagascar, Série évaluation et capitalisation n° 40, Avril 2011

des effets immédiats de l'action sur les bénéficiaires directs et finaux. La mesure de l'efficience n'a été que brièvement abordée dans le cadre de cette évaluation, compte tenu du temps limité pour analyser l'information nécessaire pour apprécier cet aspect. » (p. 9).
Si l'AFD n'a pas les moyens d'analyser l'impact et l'efficience des projets qu'elle conduit, comment les petites associations le pourraient-elles ?

Et l'évaluation par les autres ?
Il y a l'approbation consensuelle, et qui n'engage pas, des moins ou non engagés, « c'est bien ce que vous faites ». À l'opposé, on peut entendre la suspicion sur les motivations : « c'est pour se donner bonne conscience » ou le soupçon de naïveté des participants.
Il existe une évaluation/comparaison par des membres d'autres associations qui permet de se distinguer dans un espace concurrentiel. Les mots de la description sont des mots de catégories qui souvent ont une dimension d'évaluation : « travail intéressant », « font un peu n'importe quoi », « se font avoir », « sont dans la charité ». De la part de ceux qui sont très actifs et qui connaissent bien le « milieu », il y a parfois des critiques des « pseudo associations faites pour soutenir la famille ». On entend aussi des jugements de la pertinence des actions engagées par les autres (en termes d'efficacité ou d'éthique) de la part de spécialistes auto-proclamés. Ils peuvent introduire du conflictuel dans un espace où cette dimension est évacuée par beaucoup.
Une question valable pour tous : qu'est-ce que les uns savent réellement de l'action des autres ?

Légitimité ?
La question de la légitimité de l'action est parfois posée. L'accusation de « colmater des brèches », de « mettre des pansements qui font tenir une société qui exploserait » et de « se faire récupérer » a été entendue lors des Géopolitiques à Nantes le 27 septembre 2014. Dans le débat, quelqu'un répondait « oui, il existe une récupération et quelquefois tant mieux ». Jean-Marc Boivin de Handicap International invitait alors à « ne pas

théoriser l'inaction sous prétexte des risques de récupération » et dénonçait le « syndrome de Jésus-Christ : on ne peut pas sauver le monde entier ». Il est inévitable que cette question de la légitimité, donc des notions de bien et de mal, se pose dans un univers où les questions de bien et de mal sont omniprésentes.
Mais cette question est complexe. Le concept de légitimité n'est pas évident même si le mot est fréquemment utilisé par les militants. Légitimité de qui ou de quoi ? D'une personne ? D'une action ou d'une pratique ? D'une organisation ? D'un ensemble d'organisations ? Si la question se pose, c'est parce qu'il y a tension entre des visions différentes de ce qui « doit » être fait et, en conséquence, parfois, remise en cause de la *légitimité* de certains ou de certaines actions.

Il pourra être intéressant de suivre les résultats des travaux engagés par le collectif COTA en Belgique[81]. Dans la note de présentation, Brice de Reymaeker explicite les objectifs, la démarche et précise le concept. Les objectifs : dresser un panorama des formes de légitimité et décrire les processus de légitimation. La démarche consiste en une enquête par entretiens et questionnaires « hors de toute tentative prescriptive ou normative ». Sur le concept il apporte quelques précisions introductives : « on est toujours légitime vis-à-vis de quelqu'un », « la légitimité, être légitime, doit se concevoir comme l'état provisoire d'un processus toujours renouvelé. En effet le concept est profondément duel ; si d'un côté il s'appuie sur un cadre de référence plus ou moins fixe (un cadre légal, moral ou procédural) : être légitime vis-à-vis d'un certain cadre ; il est également un processus de reconnaissance : être reconnu comme légitime et donc *in fine* se faire reconnaître comme légitime. »
On peut donc retenir cette idée : être légitime, c'est être reconnu comme tel.

---

81 Brice de Reymaeker, Vers une réappropriation du concept de légitimité dans le cadre de la coopération au développement et de la solidarité internationale : le COTA décortique le concept et interroge les OSC [Organisations de la Société Civile] (site www.cota.be)

Cette question de la légitimité de l'action et des acteurs est posée dans des domaines proches, celui de l'activité syndicale par exemple. Cécile Guillaume et Sophie Pochic notent[82] que « la professionnalisation de l'activité militante modifie les critères de légitimité ». Sabine Rozier, dans un ouvrage assez critique sur les militants syndicaux et leur « reconversion » dans l'humanitaire, mais qui pose des questions qu'il ne faut pas éluder, interroge la « représentation légitime du militant ». Qu'est-ce qu'un « bon » militant ? Quelles sont les normes (souvent implicites) du milieu ? « Le fait que des salariés (notamment les mieux dotés culturellement et socialement) se prévalent de qualités proches de celles que l'on reconnaît habituellement aux experts (compétences techniciennes, capacité d'appréhension globale des problèmes, pragmatisme, efficience...) doit donc être analysé à l'aune des transformations de la représentation légitime du militant, dont les études consacrées aux mutations récentes du monde militant (syndical, politique, associatif), ont montré qu'elles convergent, depuis les années 1980, vers la figure de l'expert[83]. »

Les questions d'évaluation et de légitimité peuvent être liées mais il ne faut pas les confondre. L'évaluation est une pratique, elle a une dimension technique. Poser la question de la légitimité d'une action ou d'un acteur collectif se situe *a priori* à un autre niveau, mais une évaluation peut servir pour prouver sa légitimité.

Géographie des associations

La question d'une différenciation milieu rural/milieu urbain nécessiterait une étude approfondie. On se limitera ici à quelques remarques.
Nous avons constaté que les formes du lien associatif ici en France, dépendent essentiellement de la sociabilité antérieure et

---

82 Cécile Guillaume et Sophie Pochic, La professionnalisation de l'activité syndicale, talon d'Achille de la politique de syndicalisation de la CFDT in *Politix* n° 85, De Boeck, 2009

83 Annie Collovald (dir.), *op.cit.* p. 163

de conditions objectives. Pour les commémorations, par exemple l'anniversaire de l'association, ou pour des rassemblements rituels, à la même date chaque année, la participation est plus importante dans les zones rurales (La Grigonnais, Rouans, Prinquiau) ou péri urbaine (Treillières, un quartier de Saint-Herblain, Saint-Aignan). C'est plus difficile à Nantes.

Il est nécessaire sur ce sujet de prendre en compte la spécificité de la Loire-Atlantique avec une agglomération de plus de 600 000 habitants, soit plus de la moitié du département.

En 2016, sur les 101 associations existant ou ayant existé qui ont été repérées, 60 % ont leur siège à Nantes ou dans une commune limitrophe. Sur les 58 associations pour lesquelles nous avons des informations sur leur activité actuelle, 64 % ont leur siège à Nantes ou dans une commune limitrophe.
Nous avons pu constater que certaines associations avaient plutôt une base locale, souvent hors de l'agglomération nantaise. C'est le cas des associations les plus anciennes (celles qui ont 30 ans ou plus, à Prinquiau, à La Grigonnais), ou des plus récentes, dans le Pays de Retz. D'autres sont sur la base d'un réseau relationnel, professionnel ou amical mais dispersé géographiquement. Mais une association correspond toujours à un ensemble de réseaux relationnels. Ceci pose la question des mobilités. On peut faire l'hypothèse que la stabilité géographique aide plutôt à l'insertion dans les petites associations locales. La mobilité peut favoriser les plus grosses car il est possible de retrouver des structures équivalentes à celles fréquentées avant une mutation.

Une spécificité de Madagascar ?

Existe-t-il une spécificité de Madagascar ? Est-ce que ce qui est décrit ici est transposable pour les relations et les liens avec les autres pays ?
Une spécificité de Madagascar ? Oui, sans doute. Pour l'ensemble des pays d'Afrique par exemple, il n'existe pas le même maillage associatif. Nous avons vu que Madagascar était en deuxième position après le Sénégal pour le nombre

d'associations (si on met à part le Maroc, cf. chapitre 14). Pourquoi y a-t-il autant de liens « forts » avec un pays si « loin », dont on parle peu dans les médias, sauf pour la faune et la flore ou quand il y a un drame dont sont victimes des Français ? Toutes les données ne vont pas dans le même sens.

Madagascar et la France

C'est une histoire commune avec des épisodes tragiques, la colonisation, la répression de 1947, mais il n'y a pas eu de mouvement de libération violent de leur côté. La langue française y est langue d'enseignement et est donc pratiquée par ceux qui ont été ou sont scolarisés. Il y existe une forte présence religieuse française. Madagascar a connu une plus forte pénétration des religions chrétiennes et une moindre présence de l'islam que beaucoup de pays africains. L'adoption y est possible (pour des familles françaises, 8ème rang en 2015). On peut ajouter les possibilités de tourisme et peut-être l'attirance pour le sourire et le côté *mora mora*[84].

D'autres données ne montrent pas ce lien fort dans certains domaines de coopération. Il existe un mouvement syndical, faible bien sûr, mais comme dans beaucoup d'autres pays d'Afrique et souvent lié aux partis politiques. Mais l'Institut Belleville de la CFDT nous a indiqué qu'il n'y avait pas de coopération avec Madagascar, à la différence d'autres pays d'Afrique.

Il semble que cette donnée rejoigne le constat de la relative faiblesse de la coopération décentralisée avec Madagascar (cf. annexe).

Selon un rapport du MAE, en 2014, il y a eu 2013 missions de VSI dans 96 pays et 172 sont à Madagascar, le premier pays. Seulement quatre pays ont bénéficié de plus de 100 missions. L'organisme qui envoie le plus est la Délégation Catholique à la Coopération.

Par contre, pour les missions des VEC (Volontaires d'échanges et de coopération) initiés par AGIR abcd et le GREF, Madagascar n'est qu'en cinquième position avec 29 missions.

---

84 Doucement doucement en malgache

Le Maroc avec 92 missions est loin devant les autres pays. Question de distance ?

Une explication du lien avec certains autres pays n'est pas pertinente pour Madagascar. On sait que Nantes a joué un rôle important dans le « commerce triangulaire », c'est aussi ce qui explique des liens particuliers avec la Guinée par exemple. Madagascar a connu d'autres formes de traite négrière, notamment pour La Réunion, mais n'impliquant pas Nantes.

Le choix d'agir à Madagascar n'est pas toujours celui de la facilité. Une responsable d'association qui avait fait un envoi de container en 1992, évoque ses problèmes : « le coût pour le dédouanement, un vélo subtilisé... » et doit admettre que c'est plus facile avec le Sénégal par exemple. Quelques années après, elle avait récupéré beaucoup de matériel (dont des lits médicalisés, des fauteuils roulants, des fournitures scolaires) et trouvé un local pour le stocker. Devant les difficultés, ce sera finalement envoyé par une autre association de la région au Sénégal en collaboration avec les Chauffeurs du cœur qui amènent des vieux camions chargés, qu'ils laissent ensuite sur place.

Pour conclure (provisoirement)

Une enquête

Cette enquête a abouti à un texte qui est une contribution à ce que l'on pourrait appeler un inventaire de données et de questions autour d'une pratique qui mobilise des milliers de personnes en France. Compte tenu de l'absence d'études sur le sujet, le choix a été de faire, dans un cadre géographique précis, le « tour d'horizon » le plus large possible, ce qui a impliqué de ne pas approfondir des questions qui mériteraient de l'être.

Il n'y avait pas de volonté de faire une présentation idyllique de cette forme d'engagement, mais d'abord de montrer un existant et donc de donner la parole aux acteurs. Chaque monographie raconte une aventure humaine, des relations, des échanges, des dons.

Contrairement à une idée reçue dans le milieu, il est devenu évident en faisant ce travail d'enquête qu'on ne peut pas réduire une association à ses projets. La description des « projets » ne suffit pas pour dire la réalité d'une association. L'évaluation de certains organismes ou le discours parfois de bailleurs de fonds privilégie cette approche, donc cette dimension « instrumentale ». Pour décrire une association, il faut aussi parler de son histoire, des relations sur lesquelles elle se fonde ou qu'elle permet de construire. Il y a, en général, insertion dans un temps long. Un temps qui n'est pas le temps de la culture occidentale actuellement. Un projet a une durée limitée, des séquençages. Une association n'a pas une fin programmée. Elle vit et pour comprendre ou décrire une petite association de solidarité internationale il est nécessaire d'articuler trois dimensions : son histoire, les relations interpersonnelles, les projets.

La solidarité internationale

Cette question de la solidarité est au cœur de l'actualité. Les tentatives de repli sur les communautés sont fortes, elles se traduisent dans des votes. Pourtant la solidarité internationale apparaît comme le choix de milliers, de millions de personnes, un choix vécu pour beaucoup comme une obligation morale ; et si on réfléchit un tant soit peu, au-delà des soucis éthiques, les évolutions démographiques vont imposer cette obligation. Que l'on pense à l'avenir du monde, à la place future de l'Afrique. Les Chinois ont très bien compris cette interdépendance et les enjeux planétaires, même si la traduction en termes de solidarité n'est pas évidente... on peut le constater à Madagascar. Cette tension entre ouverture et fermeture n'est pas nouvelle.

Souvent, nous avons une première impression : celle de deux mondes tellement éloignés mais, rapidement, on se rend compte qu'il n'y a en réalité qu'un seul monde et que l'impératif raisonnable est d'agir pour plus de solidarité. Il reste bien sûr à préciser la concrétisation et notamment l'espace de cette solidarité : la famille ? La nation ? La terre ? Nos contemporains ou les générations futures ?

Il est évident que le paradigme de l'homo oeconomicus n'est pas le plus pertinent pour penser ces formes d'actions de solidarité étudiées ici. À l'origine il y a souvent, d'abord de l'affectif, des émotions.

Ceci permet de penser l'apparente contradiction entre une société qu'on qualifie souvent de dépressive, ou au moins pessimiste, et l'expansion des actions de solidarité. Les explications peuvent être multiples : 1- les acteurs sont peut-être des gens plutôt épargnés par les difficultés sociales 2- ces actions sont des réponses à des sollicitations, favorisées par la multiplication des contacts 3- ces regroupements fonctionnent car ils permettent l'implication de nouvelles personnes ou la reconversion de militants qui, dans le passé, étaient dans d'autres formes d'action.

Nous avons essayé dans le chapitre 12 de faire un inventaire des groupes et institutions qui prennent en charge cette solidarité internationale. Ils sont nombreux. Chaque association vit sa vie mais, de fait, elles forment, « petites » ou « grosses », un ensemble qui participe aux politiques publiques de coopération. La loi, donc l'État, a donné compétence de coopération décentralisée aux collectivités territoriales. Celles-ci, par le subventionnement d'associations, associent ces dernières mais en filtrant, en sélectionnant celles qui leur semblent conformes à leur éthique de coopération. Il s'agit d'une inscription dans

une tendance générale de développement du rôle des associations comme contributrices aux politiques publiques. Mais il faut cependant noter qu'en France, c'est l'État qui, financièrement, apporte le plus.
Les résultats produits à Madagascar ? Les problèmes du pays ne sont aucunement résolus. Il s'agit de limiter les dégâts et d'aider à construire, en partenariat avec la société civile locale, un avenir pour ceux qui sont soutenus... et c'est déjà énorme.

La vitalité du monde des petites associations
La richesse et le foisonnement de ce monde associatif ont été confirmés par l'enquête. Une centaine d'associations de solidarité avec Madagascar ont été créées depuis une trentaine d'années en Loire-Atlantique. Plus de la moitié sont toujours actives. En extrapolant ces chiffres, on obtient un ordre de grandeur d'au moins 30 000 associations actives pour la France avec l'ensemble des pays. La non-visibilité est sans doute à mettre au compte de la discrétion.
Ces acteurs participent au maillage du territoire et ce ne sont pas seulement des entités un peu folkloriques, « paroissiales » comme disait avec humour J. Siméant.

L'autonomie est une revendication de ces acteurs sociaux. Créer une association signifie vouloir agir collectivement mais ne pas souhaiter ou ne pas juger pertinent d'entrer dans des cadres existants. Les objectifs sont pratiquement au départ toujours modestes et, en général, il n'y a pas de stratégie, pas de volonté (ou très minoritaire) de poser un acte politique.
La vie de l'association est une construction progressive, avec des aménagements à partir de l'expérience vécue. Le souci d'efficacité n'est pas absent, mais, au travers des projets, il y a la construction d'une relation avec souvent beaucoup d'affectif. Il faut apprendre à se connaître, à se comprendre, travailler avec d'autres acteurs que les contacts initiaux. Il s'ensuit des « apports » mais pas seulement, il existe aussi de l'« échange ».
De plus, les relations entre ces petites associations, mais aussi avec des plus grosses, parfois, sont intéressantes. Leurs actions sont l'occasion de liens entre acteurs à Madagascar et les formes du lien sont multiples.

Les effets sont aussi ici dans les liens créés par l'action partagée et dans la connaissance des réalités des pays avec lesquels des actions sont menées. Les petites associations agrègent les donateurs et ne se contentent pas d'agréger les dons.

On ne peut pas nier que l'atomisation est réelle ; ce n'est évidemment pas un ensemble structuré. Ce n'est pas un ensemble reconnu (par les médias, les chercheurs, etc.). Une structuration est une construction. Certains essaient d'y travailler et reconnaissent le besoin de lieux de réflexion et de partage pour toutes ces associations.

Nous avons, par commodité, parlé de petites et de grosses associations, en étant bien conscient qu'il existe un continuum et pas une simple opposition binaire. Pour continuer malgré tout dans cette approximation, on peut dire que si elles sont concurrentes pour le recueil des dons ou l'engagement de bénévoles, elles sont complémentaires et qu'elles participent également à l'offre d'engagement.

Historiquement, ce développement des petites associations est un effet de (et une contribution à) la mondialisation (circulation des personnes, de la communication). Mais cette multiplication des acteurs collectifs n'est pas spécifique à ce champ ni un phénomène nouveau. Jacques Ion le notait au travers du déclin des groupements « généralistes ». Il notait la tendance à s'impliquer sur un créneau précis et limité quitte à participer ensuite à une coordination « souple » et moins contraignante. Nous avons pu aussi constater que l'émergence de ces associations à partir du milieu des années 80 pouvait aussi se comprendre par divers aspects du contexte historique.

Des suites possibles à cette étude ?

Nous avons obtenu des réponses (localisées) à quelques questions mais l'intérêt principal est peut-être dans les nouvelles questions qui se posent. Ce texte peut être considéré comme un « matériau » pour des échanges souhaités avec, d'une part, des acteurs de terrain et, d'autre part, des chercheurs ayant travaillé ou souhaitant travailler sur des thématiques proches.

De multiples chantiers sont possibles : tout d'abord des enquêtes sur les associations en lien avec d'autres pays. Il pourrait être intéressant de dégager des convergences et divergences et de les analyser.
Il est une thématique qui n'a pas été approfondie ici : la sociologie des bénévoles de ces associations.
Dans des débats, des échanges, des recherches, etc., des réflexions pourraient être menées dans deux grandes directions : d'une part, l'approfondissement sur des points précis (une dizaine sont évoquées dans le paragraphe qui suit, mais certaines sont très liées), d'autre part, une réflexion sur des concepts évoqués dans cet écrit (don, légitimité, politisation, professionnalisation...) et leur signification dans le contexte des actions de solidarité internationale.

Des questions à débattre, approfondir, étudier...

- initiatives associatives et coopération décentralisée ? Quelle articulation ? Quelles complémentarités ? Pourquoi ces différences selon les pays ?
- histoire du « basculement » des années 80 ? Qu'est-ce qui disparaît localement ? Est-ce que les petites associations de solidarité internationale sont les reconversions des comités Tiers-monde ? Pourquoi faire le choix de l'investissement dans ces petites associations de solidarité internationale ou plutôt dans le mouvement altermondialiste ?
- rôle des mutations de la société dans les transformations des formes d'engagement. Facteurs déterminants ?
- nombre d'associations. Statistiques pour d'autres pays. Pertinence des extrapolations ?
- moyens financiers engagés (État, collectivités locales, ONG, petites associations)
- durée et pérennité des associations. Effet des fins de projet et des désengagements des leaders
- spécificités de Madagascar par rapport aux autres pays africains : beaucoup d'associations, faible coopération décentralisée ? Rôle de la diaspora ?

- réalités et impacts des écarts ou décalages culturels ? Quelle intégration, quelle prise en compte dans les associations ?
- rapport au religieux
- relations entre petites et grosses associations ici et dans les pays du Sud
- quel rôle pour les collectifs ?
- différences selon les régions françaises ?
- comparaisons internationales
- etc.

ANNEXES

Bibliographie

Badie (Bertrand), *Nous ne sommes plus seuls au monde. Un autre regard sur l'ordre international*, Paris, La Découverte, 2016

Boltanski (Luc), *La souffrance à distance*, Paris, Métallié, 1993, Folio Essai, 2007

Caillé (Alain), *Anthropologie du don. Le tiers paradigme,* Paris, Desclée de Brouwer, 2000

Collovald (Annie) (dir.), *L'humanitaire ou le management des dévouements. Enquête sur un militantisme de solidarité internationale en faveur du Tiers-monde*, Rennes, Presses Universitaires de Rennes, 2002

Dahl (Øyvind), *Signes et significations à Madagascar. Des cas de communication interculturelle,* Paris, Présence africaine, 2006

Duflo (Esther), *Le développement humain. Lutter contre la pauvreté*, Paris, Seuil, La République des Idées, 2010

Durand (Paul), *On ne revient jamais de Madagascar*, Paris, Karthala, 2002

Gotbout (Jacques T), *Le don, la dette et l'identité. Homo donator vs. Homo oeconomicus*, Lormont, Le Bord de l'eau, coll. « La Bibliothèque du Mauss », 2013, 1ère éd. 1998

Havard-Duclos (Bénédicte), Nicourd (Sandrine), *Pourquoi s'engager ? Bénévoles et militants dans les associations de solidarité*, Paris, Payot, 2005

Ion (Jacques), *La fin des militants,* Paris, Les éditions de l'Atelier, 1997

Lechevallier (Yannick), Saubion (Mélanie), *La solidarité internationale, un secteur dynamique,* Agence Coop Dec Conseil, 2010

Mauss (Marcel), *Essai sur le don, Forme et raison de l'échange dans les sociétés archaïques*, Paris, PUF, 2007, extrait de L'année sociologique 1924-1925

Opeka (Pedro) (Père Pedro), *Combattant de l'espérance*, Paris, JC Lattès, 2005

Pirotte (Gautier), Godin (Julie), *Coopération au développement, Enquête sur les Initiatives Populaires de Solidarité Internationale*, Liège, Presses Universitaires de Liège, 2013
Ryfman (Philippe), *Une histoire de l'humanitaire,* Paris, La Découverte, collection Repères, 2008
Siméant (Johanna), Dauvin (Pascal) (dir.), *O.N.G. et humanitaire*, l'Harmattan, 2004
Supiot (Alain) (dir.), *La solidarité, enquête sur un principe juridique,* Paris, Odile Jacob, 2015
Tchernonog (Viviane), *Le paysage associatif français. Mesures et évolutions*, Paris, Dalloz, Juris éditions, 2013
Urfer (Sylvain), *Madagascar, une culture en péril*, Antananarivo, No comment éditions, 2012
Yunus (Muhammad), *Vers un monde sans pauvreté*, avec Alan Jolis, Paris, Ed. J.-C. Lattès, 1997

Dans des revues

Lefèvre (Sylvain), « Le sale boulot et les bonnes causes, Institutionnalisation et légitimation du marketing direct au sein des ONG » in *Politix* n° 79, Armand Colin, 2007
Ryfman (Philippe), « Les ONG françaises de développement et humanitaires : une autre « exception française » en Europe » in *Monde en développement* 161 (2013-1)
Revue Française de Sciences Politiques n° 51, février-avril 2001, Devenir militants
Szczepanski-Huillery (Maxime), « L'idéologie tiers-mondiste. Constructions et usages d'une catégorie intellectuelle en crise » in *Raisons politiques* 2005/2 n° 18

Sur le site Ritimo (collectif d'organisations) une bibliographie sur Madagascar
http://www.ritimo.org/article178.html
La Revue Politique Africaine (IEP de Bordeaux) éditée par Karthala N° 86 de 2002 et 113 de 2009
http://www.politique-africaine.com/
Rapport de l'AFD sur les collectifs et plate-formes
http://www.afd.fr/webdav/shared/PORTAILS/PUBLICATIONS/ONG/PDF/AFD-Rapport-SMA.pdf

Sigles et acronymes

Associations du département

AME : Association Madagascar Entraide
APEM : Amitié Pour l'Enfant Malgache
ASCODE : ASsociation pour la COopération et le Développement des Élus municipaux de Loire-Atlantique
ASEM : Association Solidarité Espoir Madagascar
BISS : Bolivia Inti Sud Soleil
EAM ZM : Enfance Action Madagascar Zaza Malagasy
GASPROM : Groupement Accueil Promotion du Travailleur immigré
LAH : Les Amis d'Handri
LAM : Les Amis de Madagascar
LLAE : La Lune à L'Envers
MCM : Maison des Citoyens du Monde
NAPCE : Nantes Agir Pour le Commerce Équitable
OUED : Organisation hUmanitaire des Étudiants Dentaires
RAM : Rouans Amitié Madagascar

Réseaux

AGIR abcd : Association Générale des Intervenants Retraités, Action des Bénévoles pour la Coopération et le Développement
PHI : Pharmacie Humanitaire Internationale
ASA : Aide aux Sans-Abris

À Madagascar

ANCESM : Association Nationale du Commerce Équitable
CITE : Centre d'Information Technique et Économique
EPP : École Primaire Publique
FJKM : Fiangonan'i Jesoa Kristy eto Madagasikara (Église de Jésus-Christ à Madagascar)
FRAM : associations de parents d'élèves (qui recrutent localement et paient les maîtres)
IMF : Institution de Micro Finance
ODRD : Organisation pour le Développement de la Région de Diégo
PPN : Produit de Première Nécessité

Associations nationales ou internationales ou d'autres régions

ACF : Action Contre la Faim

ACIM : (les) Amis d'un Coin de l'Inde et du Monde

AEC : Association Européenne des Citoyens

AFAENAM : Association des Familles Adoptives d'Enfants Nés À Madagascar

AFDI : Agriculteurs Français et Développement International

ARC : Association pour la Recherche sur le Cancer devenu Fondation ARC pour la recherche sur le cancer

AVSF : Agronomes et Vétérinaires Sans Frontières

ATTAC : Association pour la Taxation des Transactions financières et pour l'Action Citoyenne

CCFD : Comité Catholique contre la Faim et pour le Développement -Terre solidaire

CESES: Confederation of European Senior Expert Services

CIMADE : Comité Inter Mouvements Auprès Des Évacués

CODEV : Clubs COopération DÉVeloppement

COTA (Belgique) : COllectif d'échanges pour la Technologie Appropriée

CRID : Centre de Recherche et d'Information pour le Développement

CRIDEV : Centre Rennais d'Information pour le DÉVeloppement et la solidarité entre les peuples

ERM : Enfants et Réfugiés du Monde

ESF : Électriciens Sans Frontières

FdH : Frères des Hommes

FORIM : Forum des ORganisations de solidarité internationale Issues des Migrations

FPS : France Palestine Solidarité

GISTI : Groupe d'Information et de Soutien des Immigré·e·s (anciennement *Travailleurs Immigrés*)

GREF : GRoupement des Éducateurs sans Frontières

HI : Handicap International

IPSI : Initiative Populaire de Solidarité Internationale (Belgique)

MDM : Médecins du Monde

MRAP : Mouvement contre le Racisme et pour l'Amitié des Peuples

MSF : Médecins Sans Frontières

OXFAM : OXford committee for FAMine relief
RITIMO : Réseau d'Information TIers MOnde des centres de documentation pour le développement
SF : Sans Frontières
SUD : Solidarité Urgence Développement
UCODEP : Union des Comités pour le Développement
UCOJUCO : Union des COmités de JUmelages COopération
ZAMA : ZAnak'i Madagasikara Ampielezana (Les enfants de Madagascar dispersés)

Structures et programmes de l'ONU
FAO : Food and Agriculture Organization
FIDA : Fonds International de Développement Agricole
HCR : Haut Commissariat pour les Réfugiés
PAM : Programme Alimentaire Mondial
PNUD : Programme des Nations Unies pour le Développement
UNICEF : United Nations of International Children's Emergency Fund

Autres sigles
AFD : Agence Française pour le Développement
ALCID : Acteurs Ligériens de la Coopération Internationale et du Développement
APD : Aide Publique au Développement
ASI : Association de Solidarité Internationale
BRICS : Brésil, Russie, Chine, Inde, afrique du Sud
CASI : Collectif d'Associations de Solidarité Internationale
CFDT : Confédération Française Démocratique des Travailleurs
CID : Centre Interculturel de Documentation
CGI : Code Général des Impôts
CGT : Confédération Générale du Travail
CJN : Croissance des Jeunes Nations
CSI : Confédération Syndicale Internationale
CT : Collectivité territoriale
DAH : Délégation à l'Action Humanitaire
DEES : Diplôme Européen d'Études Supérieures
EAD : Éducation Au Développement
ECHO : Office Humanitaire de la Communauté Européenne devenu « Service d'aide humanitaire et de protection civile de

l’Union européenne », mais a néanmoins conservé son acronyme ECHO.

ESS : Économie Sociale et Solidaire

FSM : Forum Social Mondial

FRASICOD : Fonds Régional d’Aide et de Solidarité Internationale pour la COopération et le Développement (région Pays de la Loire, supprimé en 2017)

IRD : Institut de Recherche sur le Développement

JAC : Jeunesse Agricole Catholique devenu Mouvement Rural de Jeunesse Chrétienne (MRJC)

OIF : Organisation Internationale de la Francophonie

OSI : Organisation de Solidarité Internationale

ONG : Organisation Non Gouvernementale

MAE : Ministère des Affaires Étrangères

PSU : Parti Socialiste Unifié

RRMA : Réseau Régional Multi-Acteurs

SSI : Semaine de la Solidarité Internationale (à partir de 2017 : festival des solidarités)

TTF : Taxe sur les Transactions Financières

UE : Union Européenne

VEC : Volontaire d’Échanges et de Coopération

VSC : Volontaire de Service Civique

VSI : Volontaire de Solidarité Internationale

Note sur la méthode de recherche du nombre d'associations

Madagascar et la Loire-Atlantique

La recherche a été faite d'abord à partir des annonces sur le site du JO. Le 4 avril 2016, en faisant la recherche sur le nom « Madagascar » et le siège en « Loire-Atlantique », on obtient 83 annonces dont trois Églises, deux associations dont l'objet n'est évidemment pas dans la catégorie de la solidarité internationale, cinq dissolutions et sept modifications de siège ou d'objet. Restent 66 associations.

La même requête à partir des mots « malgache » et « Tananarive » fait apparaître 6 autres associations. Les requêtes à partir des mots « Antananarivo » et « zazakely » (« enfant » en malgache) ne permettent d'obtenir que des associations déjà repérées.

Les sites des Conseils régional et départemental, les rencontres lors d'événements publics, les connaissances des membres des associations du collectif Mada 44, permettent d'ajouter 29 autres associations

- 66 + 6 +29 = 101

47 ont leur siège à Nantes

Quelques problèmes pour cette recherche :

- les associations ne fonctionnant plus ne déclarent pas obligatoirement leur dissolution
- sur le site du JO ne figurent que les annonces à partir de 1997
- les changements d'adresses ne sont pas obligatoirement signalés au JO
- la classification dans la catégorie solidarité n'est pas toujours évidente
- certaines associations, notamment sur les sites du CD et CR, ne sont pas uniquement en direction de Madagascar.

Nous avons considéré qu'une association était active si elle menait des actions dans un cadre collectif (réunions, actions publiques, contacts). Nos sources ont donc été la connaissance de leur présence dans l'espace public, la presse locale, ou des

« traces » sur Internet. Le premier outil est la connaissance personnelle. Les membres du collectif Mada 44 ont été mis à contribution. Un questionnaire a été envoyé à toutes ces 101 associations. Puis, pour celles qui n'étaient pas connues et n'avaient pas répondu, une recherche a été faite sur Internet à partir de leur nom et éventuellement sur le site de la commune siège lors de la déclaration au JO. Bien sûr, il n'a pas été tenu compte des sites qui ne font que recopier l'annonce du JO. Puis des appels téléphoniques ont été faits aux mairies sauf dans les deux plus grandes villes, Nantes et Saint-Nazaire.

C'est à partir de ce travail de recherche, que l'on a pu conclure que, sur ces 101 associations présentes dans le fichier en avril 2016, entre 55 et 60 avaient alors une activité.
Depuis cette date (entre avril 2016 et novembre 2018), six associations ont été créées (JO), une qui existait depuis plusieurs années, mais non repérée, a été l'objet d'un article dans la presse locale et, à notre connaissance, une a cessé son activité en direction de Madagascar.

Sur la comparaison avec les autres départements
Si on se réfère aux annonces du JO, il y a, bien sûr, la sur-représentation de Paris et de la Réunion pour des raisons différentes. Pour Paris, siège de plus grosses associations, il y a, à certaines périodes de l'année, des annonces au JO qui correspondent à la publication des comptes (aucune annonce de ce type en faisant la requête sur « siège = Loire-Atlantique »).

Notes sur deux associations nationales

CCFD-Terre solidaire

blog.ccfd-terresolidaire.org/bpl/

Le CCFD-Terre solidaire est une ONG bien connue créée en 1961. Son activité se déploie dans trois directions : le soutien à des projets à l'international, et, en France, l'éducation à la citoyenneté et à la solidarité internationale et le plaidoyer.
Sa structuration est complexe. À l'origine, il s'agit d'une collégialité de 29 mouvements d'Église (ACI, JOC...). Depuis quelques années, l'adhésion individuelle est possible. Il existe une structuration au niveau national, régional, départemental et local. Au niveau national, fonctionnent aussi des réseaux thématiques (Palestine, finances solidaires, etc.). En Loire-Atlantique, il existe une trentaine d'équipes locales qui sont, en général, structurées autour des paroisses. Elles organisent des actions qui répondent aux trois leviers déjà mentionnés. Cela va de simples opérations destinées à recueillir des fonds (concerts, réalisation et vente de confitures, collectes notamment au moment du Carême, etc.) à des soirées thématiques ou des réunions débats sur les thèmes portés par le CCFD : la finance solidaire, les paradis fiscaux, la souveraineté alimentaire, etc.
Les bénéfices sont reversés au « pot commun » donc au national via les structures départementales mais celles-ci ne peuvent pas choisir de soutenir un projet précis.
La structure départementale ou des équipes locales peuvent, par exemple, rencontrer les responsables politiques locaux ou des candidats aux élections ou faire signer des pétitions dans le cadre des actions de plaidoyer.
En Loire-Atlantique, le CCFD est adhérent de la MCM. Il travaille volontiers avec des associations qui partagent les mêmes combats, OXFAM par exemple.
Ses responsables regrettent le manque de militants pour s'investir davantage dans des structures de coordination et ont un souci : la pyramide des âges des donateurs, liée à celle de la pratique religieuse.

Le choix des projets soutenus est de la responsabilité du national. Il s'agit toujours de financements dans la durée (jamais moins de 10 ans) de structures telles que des associations de femmes, des syndicats agricoles, des organismes de microcrédit, etc. Cette durée est considérée indispensable pour transformer les structures locales. Le CCFD n'est pas dans des actions ponctuelles brèves.
Certains partenaires, animateurs sur place des projets soutenus, viennent en France ; c'est l'occasion de rencontres, de contacts humains et, pour les militants, un « retour » de leur action.
Les régions organisent, environ tous les deux ou trois ans, un voyage « d'immersion » d'une quinzaine de leurs « cadres » dans un des pays d'intervention avec évidemment des soirées retours.
À la différence des petites associations, il n'y a pas de lien entre groupes locaux ici et dans les pays du Sud.

Secours Populaire Français

www.secourspopulaire.fr/44/

Le Secours populaire français est une des plus anciennes organisations de solidarité en France. Il a été créé en 1945 ; mais, en fait, il continuait l'action du Secours rouge créé en 1923. Il est présent sur tout le territoire et la fédération de Loire-Atlantique, par exemple, est constituée de 20 comités locaux. Celui de Saint-Nazaire peut compter sur l'activité de 180 bénévoles.
Sa mission première est évidemment l'aide aux personnes en difficultés en France (don de nourriture, don ou vente à très petits prix de vaisselle, de mobilier, de jouets, de livres ; aide à la culture par la revente à très bas prix de places de spectacles, aide à l'inscription à des activités, etc.).

Mais la dimension internationale de l'action du SPF a toujours existé depuis sa création. Le niveau national gère l'aide d'urgence lors de famines, de catastrophes climatiques, par exemple.

Depuis 1946, le Secours populaire français mène des actions de solidarité en faveur de la population malgache. Le SPF est auprès des Malgaches lors des cyclones et des inondations, des sécheresses et crises alimentaires qui s'abattent régulièrement sur l'île. Depuis 1960, le SPF a ainsi distribué, à 13 reprises, des produits de première nécessité aux populations frappées par des catastrophes naturelles. Une action est engagée actuellement dans le sud de l'Île, victime d'une très sévère sécheresse.

Les fédérations locales prennent en charge des projets précis. Madagascar bénéficie du soutien d'un grand nombre de fédérations du SPF. En Loire-Atlantique, le mari de l'actuelle présidente est malgache. Cela a évidemment contribué à créer les liens avec ce pays. Les structures départementales ont une commission (ou pôle) « Monde ». Celle de Loire-Atlantique a contribué, avec le Comité de Solidarité Madagascar, qui est une structure malgache, et la mairie de Vinany, à la construction de salles de classe dans une EPP. Il est à noter qu'à la suite de ces travaux, les parents ont construit eux-mêmes une nouvelle salle. Le comité de Loire-Atlantique du SPF, en lien avec Rose-Marie, de Rouge Beauté, soutient actuellement ses projets d'écoles d'art appliqué et finance l'installation de panneaux solaires pour l'éclairage et l'alimentation des ordinateurs et d'une partie des machines à coudre. En avril 2017, un bénévole est parti installer ces panneaux solaires à Majunga et Sainte-Marie. La formation en informatique et l'éclairage des ateliers seront ainsi possibles toute l'année.

Chaque comité local a son budget et il contribue au pôle Monde de sa fédération. Une fédération départementale a une autonomie financière pour gérer ses projets à l'international. Les recettes sont constituées essentiellement des dons, des bénéfices de la traditionnelle chasse aux œufs de Pâques, des collectes, des ventes lors de braderies d'objets donnés mais aussi de fonds européens. SPF est un réseau de bénévoles ; il n'y a pas une adhésion payante mais signature de la charte du bénévole.

La fédération de Loire-Atlantique a également des actions en Palestine, en République sahraouie et à Haïti. En 2015, les différentes structures du SPF ont mené 185 actions et programmes de développement dans 57 pays. Plus de 400 000 personnes en ont bénéficié.
Des membres des fédérations se déplacent sur les lieux des projets et, au retour, font de l'information sur ces actions pour les adhérents. Par contre, les structures départementales ne mènent pas d'actions de plaidoyer.

Le SPF a une tradition d'action avec d'autres organisations. À Saint-Nazaire, il a une action commune par an avec la Croix-Rouge ou la Banque alimentaire qui sont dans des locaux mitoyens. Il donne aussi une partie des livres qu'il a récupérés aux Papiers de l'espoir, les vêtements au Relais. Plusieurs associations nous ont signalé une aide de membres du SPF lors de leurs déplacements à Madagascar.

Note sur la coopération décentralisée

Le terme *coopération décentralisée* désigne en France la coopération des collectivités territoriales mais, pour les pays anglo-saxons ou l'UE, c'est aussi celle des ONG ou des universités. Ce terme est utilisé pour la première fois en France dans une circulaire du Premier Ministre en 1985. Il s'agit pourtant d'une pratique ancienne. Nantes a une coopération avec Rufisque au Sénégal dès 1962. Une première vague a donc été mise en œuvre immédiatement après la décolonisation.
Le Conseil départemental 44 a des relations de coopération avec des collectivités de trois pays : le Maroc et la Tunisie depuis 1992, la Palestine depuis 2014. Ces actions peuvent être menées en lien avec des associations, des mutuelles, des établissements scolaires, etc.
Le droit de la coopération décentralisée a été précisé suite à une action en justice du Front national à Niort pour dénoncer une initiative de cette ville dans le cadre d'une action de solidarité internationale. Le motif invoqué était que la population locale n'y avait pas d'intérêt.
La loi Oudin-Santini du 9 février 2005 a permis aux communes d'affecter jusqu'à 1 % de leur budget à des actions de coopération et de solidarité dans le domaine de l'eau, puis cette possibilité a été étendue aux domaines de l'électricité, du gaz et de la gestion des déchets. La loi Thiollière du 2 février 2007 a précisé les règles générales de *l'action extérieure des collectivités territoriales et de leurs groupements*, supprimant la notion « d'intérêt local ».

L'exemple de Rezé
Il n'existe plus en 2018 aucune coopération décentralisée avec Madagascar dans les Pays de la Loire. Nous allons donc présenter brièvement celles de la ville de Rezé, ville qui propose, en outre, deux formes de soutien aux associations : elle subventionne des projets (jusqu'à 3 000 euros) et aide les associations dans leur fonctionnement (300 à 500 euros).

La ville de Rezé poursuit deux coopérations, avec Ronkh au Sénégal et Abu Dis, en Palestine.
Rezé et Ronkh entretiennent des relations depuis une trentaine d'années. Tout commence en 1987 par une correspondance entre les écoles de Ragon (Rezé) et Diawar (Ronkh). Un des instituteurs de Ragon avait enseigné au Sénégal. D'où la création d'une association dont faisaient partie des élus. Un pacte d'amitié est signé en 1996 entre les deux villes. En 2003, une nouvelle étape est franchie : les deux collectivités signent une convention de coopération décentralisée.
La municipalité a le souci d'intégrer cette coopération dans une politique éducative et sociale. Elle organise ainsi des chantiers jeunes au Sénégal avec la volonté de faire participer ceux qui ne partent pas à l'étranger. La préparation se fait en lien avec des associations, la Mission locale, un centre socio-culturel et bien sûr l'association les Amis de Diawar.

Pour Abu Dis, en Palestine, il y a eu la volonté des élus et, en particulier du maire, d'avoir une coopération avec une ville palestinienne. Elle se traduit notamment dans une dimension culturelle avec la participation à la formation de professionnels palestiniens par des personnels de l'école de musique et par des voyages dans les deux sens.

On constate donc que le choix peut correspondre à une volonté politique d'élus (dans le cas de la Palestine) ou à des relations humaines et des initiatives de militants. D'ailleurs, les élus en charge du secteur solidarité internationale sont assez souvent des militants associatifs dans ce domaine. La coopération décentralisée n'est pas déconnectée de la vie associative. À Rezé, l'élue note l'importance de distinguer les deux mais aussi leur complémentarité : « il y a plus de liberté dans la vie associative » et « les villes ont une plus grande liberté d'expression que l'État. »

Malheureusement, à Rezé comme ailleurs, les relations internationales ont pâti de la baisse de moyens de la mairie. Le secteur est passé de deux à un poste, la coopération avec le Pérou a été arrêtée car « trop loin », et la ville ne participe plus aux Semaines de la solidarité internationale organisées par la MCM.

La coopération décentralisée France – Madagascar

Quelques données relevées le 24 juin 2016 sur le site www.cncd.fr, atlas de la coopération décentralisée (site du MAE)

pays	CT françaises	CT partenaires	projets
Tous (145)	4815	8766	12700
Madagascar	83	103	215
Sénégal	123	155	371
Burkina Faso	182	204	390
Mali	180	191	408

Dans ces données figurent des « actions en cours » ou « terminées ». Parmi les actions répertoriées, pour Madagascar, on peut noter seulement deux collectivités de la Région Pays de la Loire : le département de Vendée avec la Communauté Urbaine de Antananarivo (équipement et formation des pompiers) et la commune de Saint-Jean-de-Monts avec la commune rurale d'Antanetibe-Mahazaza. Or, dans les fiches correspondantes, il n'y a pas d'actualisation des contributions après 2012 et il n'y en a pas trace sur les sites Internet de ces collectivités.

Madagascar correspond à 1,7 % de l'ensemble, quel que soit l'indicateur (collectivités territoriales françaises ou projets), alors que ce pays correspond à 7 à 8 % des associations.

Il y a sans doute en France un peu plus d'associations en lien avec le Sénégal mais beaucoup moins avec le Burkina Faso et le Mali. Si on utilise comme indicateur de comparaison du nombre des associations celui des annonces au JO, on obtient au niveau

national (le 4/4/2016), en faisant des requêtes à partir du nom de pays :
Madagascar : 3308
Sénégal : 3699
Burkina Faso : 2148
Mali : 2122.

Certaines régions (dans leur configuration d'avant la réforme territoriale) contribuent fortement à la coopération avec Madagascar : la Bretagne, Rhône-Alpes, le Nord-Pas-de-Calais, la Réunion.

Sur le site de l'ambassade de France à Madagascar, figure l'information suivante : « au 1er août 2014, 41 collectivités territoriales françaises (11 Conseils régionaux, 8 Conseils généraux, 4 intercommunalités et 18 communes) sont partenaires de 35 collectivités territoriales décentralisées malgaches (12 Régions, 5 structures intercommunales et 18 communes. De plus, 54 autres communes le sont à travers l'appui aux structures intercommunales ou dans le cadre du projet eau porté par le partenariat Grand Lyon/Région Haute-Matsiatra) ». 127 collectivités territoriales françaises sont mentionnées sur le site de l'ambassade de France au Sénégal.

Le rapport de l'Assemblée parlementaire de la francophonie de 2013 intitulé *La coopération décentralisée dans l'espace francophone* n'évoque quasiment jamais Madagascar en 84 pages. *Cités Unies de France* publie des dossiers par pays, huit pour le pôle Afrique mais pas Madagascar.

Ces données posent question. Comment expliquer ces différences ? Qu'est-ce qui explique le choix quand une collectivité territoriale s'engage dans une action de coopération décentralisée ? Pourquoi un nombre relativement faible avec Madagascar ?
Nous ne pouvons que faire des hypothèses concernant une relative sous-représentation de Madagascar dans les coopérations décentralisées :

- Sous les présidences de D. Ratsiraka et M. Ravalomanana les relations avec la France étaient compliquées
- Le problème de la corruption au niveau des structures étatiques ou des collectivités (mais est-il plus fort à Madagascar que dans les autres pays africains ?)
- Question équivalente concernant la désorganisation des entités publiques malgaches
- Pour les transports, Madagascar est plus difficile que les pays de l'Ouest africain par exemple
- La diaspora est mieux organisée pour d'autres pays ou a des liens plus étroits avec les milieux politiques. Les Malgaches de la diaspora sont plus discrets
- Il n'existe pas en France de lobby Madagascar efficace
- La création d'associations pour Madagascar se fait souvent en lien avec des institutions religieuses. Les réseaux relationnels correspondants en France sont peut-être moins investis au niveau des collectivités territoriales.
- La coopération décentralisée peut présenter un enjeu pour les entreprises locales et leur implantation est plus facile en Afrique de l'ouest
- La décentralisation est moins avancée à Madagascar que dans d'autres pays.

Ces hypothèses méritent débat.

Nombre d'associations par pays (site J.O. avril 2016)

Pays membres de L'Organisation Internationale de la Francophonie
col B : Nombre d'annonces au JO pour le 44 (requête nom pays)
Col C : évaluation du nombre d'associations (B*2/3)
Col D : population du pays en millions (INED évaluation 2013)
Col E : nombre d'associations par million d'habitants (pour 44)
Col F : classement au nombre d'associations (44)
Col G : classement au ratio col E (44)
Col H : nombre d'annonces au niveau national
col I : part du 44

A	B	C	D	E	F	G	H	I
Bénin	43	29	9,6	3,0		4	1315	3,3%
Burkina Faso	50	33	18	1,9	5		2148	2,3%
Burundi	3	2	10,9	0,2			141	2,1%
Cameroun	64	43	21,5	2,0	3		2094	3,1%
Cap Vert	1	1	0,5	1,3			419	0,2%
Comores	9	6	0,8	7,5		1	1366	0,7%
Congo*			4,4					
Congo* (RDC)	30	20	71,1				2757	1,1%
Cote d'Ivoire	46	31	21,1	1,5	6		1653	2,8%
Djibouti	3	2	0,9	2,2			87	3,4%
Gabon	5	3	1,6	2,1			299	1,7%
Guinée**	59	39	11,8		4		1016	5,8%
Guinée Bissau**			1,5					
Guinée équatoriale**			1,7					
Madagascar	83	55	22,5	2,5	2	7	3308	2,5%
Mali	29	19	15,5	1,2			2122	1,4%
Maurice	5	3	1,2	2,8		5	289	1,7%
Mauritanie	10	7	3,7	1,8			471	2,1%
Niger	14	9	16,9	0,6			560	2,5%
RCA	3	2	4,7	0,4			185	1,6%
Rwanda	6	4	11,1	0,4			215	2,8%
Sénégal	102	68	13,5	5,0	1	2	3699	2,8%
Seychelles	0	0	0,1	0,0			100	0,0%
Tchad	3	2	12,2	0,2			302	1,0%
Togo	29	19	6,2	3,1		3	1106	2,6%
	597	398	283	1,4			25652	2,3%
Guinée**				2,6		6		
Congo*				0,3				
Maroc	157	105	33	3,2			7178	2,2%
Algérie	25	17	38,3	0,4			3430	0,7%
Tunisie	22	15	10,9	1,3			2277	1,0%

Nombre d'associations par département
(en lien avec Madagascar)

A : département
B : Nombre d' annonces au JO (requête nom pays = Madagascar)
C : évaluation du nombre d'associations (B*2/3)
D : Population (milliers)
E : nombre d'associations (Madagascar) pour 100 000 habitants

A	B	C	D	E
44	83	55	1329	4,2
49	34	23	800	2,8
53	11	7	307	2,4
72	23	15	569	2,7
85	40	27	656	4,1
6	68	45	1081	4,2
13	155	103	1993	5,2
31	96	64	1299	4,9
33	100	67	1506	4,4
35	48	32	1020	3,1
38	50	33	1235	2,7
46	8	5	174	3,1
56	33	22	738	3,0
59	94	63	2596	2,4
69	109	73	1780	4,1
75	343	229	2230	10,3
79	17	11	372	3,0
91	87	58	1254	4,6
92	123	82	1591	5,2
93	48	32	1552	2,1
	1570	1047	24082	4,3
974 (Réunion)	236	157	833	18,9
972 (Martinique)	2	1	388	0,3
France	3308	2205	62335	3,5
Pays de la loire	191	124	3661	3,4

Table des matières

ACTION SOCIALE, AIDE SOCIALE
AUX ÉDITIONS L'HARMATTAN

Dernières parutions

LE SERVICE SOCIAL DU TRAVAIL
Entre permanence et évolution
Sarah Toulotte
Préface de Brigitte Bouquet
Dans une société en constante mutation où les entreprises sont partagées entre les difficultés socio-économiques des salariés et les bénéfices, cet ouvrage s'intéresse au sens que les assistantes sociales du travail donnent à leurs pratiques professionnelles. Le service social du travail se situant à la charnière des logiques économiques et sociales, obligé de faire face à l'évolution des modes d'organisation et de gestion du travail, nous avons voulu comprendre comment ces professionnelles tentent de concilier les intérêts socio-économiques de l'entreprise et ceux des salariés et également de montrer non seulement les pratiques professionnelles mais aussi les défis et les enjeux auxquels le service social du travail est confronté, sans omettre les mutations qui affectent aujourd'hui le monde du travail.
(302 p., 31 euros)
ISBN : 978-2-343-16497-7, EAN EBOOK : 9782140113185

LE SOCIAL DERRIÈRE LE HANDICAP
Étude historique du cas italien (XIXe-XXe siècles)
Matteo Schianchi
L'histoire sociale de l'infirmité qui fait l'objet de cet ouvrage n'est que le fragment d'une histoire plus générale, celle du corps, dont elle représente une dimension spécifique. Comme le montre le cas de l'Italie entre le XIXe et le XXe siècle, avec le concept de violence symbolique, l'infirmité se révèle comme une clé pour saisir les cadres au sein desquels on place les individus présentant des déficits corporels.
Harmattan Italia (520 p., 52,5 euros)
ISBN : 978-2-336-31240-8, EAN EBOOK : 9782140112775

ÉTHIQUE ET PARADOXES DE L'ACCOMPAGNEMENT EN SANTÉ, TRAVAIL SOCIAL ET FORMATION
Sous la direction de Hervé Breton et Sébastien Pesce
Issu du colloque « Éthique de l'Accompagnement et Agir Coopératif », organisé à l'université de Tours en mai 2016, cet ouvrage propose à un ensemble de praticiens de l'accompagnement, issus de champs professionnels et d'espaces géographiques divers, de mettre en perspective les critères qui, dans le quotidien de l'exercice professionnel, sous-tendent une éthique de l'accompagnement. Chaque contributeur donne à voir la réalité la plus concrète des dispositifs conçus et mis en oeuvre, avant d'en analyser les sources, les conditions, les effets. Les textes rassemblés dans cet ouvrage permettent

ainsi, en partant de la réalité du terrain, d'interroger les dispositifs et pratiques d'accompagnement dans les domaines de la santé, du travail social et de la formation d'adultes.

Téraèdre (Coll. Passages aux actes, 266 p., 27 euros)

ISBN : 978-2-36085-094-5, EAN EBOOK : 9782140111051

VIVRE EN SOLO APRÈS 60 ANS

Notice statistique de Christian Bialès

Geneviève Manois

Facette de la vie contemporaine et phénomène social, de nombreuses personnes de plus de soixante ans vivent aujourd'hui en solo, provisoirement ou durablement. Hors de la vie en couple par le divorce ou la séparation et hors du cadre du travail par la retraite, à quels risques se trouvent-elles exposées ? Quels sont leurs appuis ? Cet essai s'attache aux questions centrales nées de cette double rupture affective et sociale : les deuils, la famille, la vie sociale, la sexualité, l'amour, les valeurs morales. Ce travail vise à inspirer, il peut aider à comprendre, à prendre du recul, voire des libertés.

(140 p., 15,5 euros)

ISBN : 978-2-343-16048-1, EAN EBOOK : 9782140105234

LES ENJEUX DE LA RECHERCHE EN TRAVAIL SOCIAL

Définitions, Champs et Pratiques professionnelles

Sous la direction de Didier Favre, Marcel Jaeger, Emmanuel Jovelin - Association française pour le développement de la recherche en travail social

Ce volume a pour ambition de marquer une étape essentielle dans la promotion de la Recherche en travail social (RETS). Il s'agit de prolonger les questionnements sur la recherche en/dans/sur/ le travail social. Ces textes donnent la parole à ceux et celles qui se reconnaissent ou se positionnent dans une recherche en travail social : acteurs du champ, chercheurs, praticiens-chercheurs du champ de l'intervention sociale.

(Coll. Recherches en action, 266 p., 27,5 euros)

ISBN : 978-2-343-15971-3, EAN EBOOK : 9782140102929

VIEILLISSEMENT, INNOVATION ET TERRITOIRE

Le cas de l'île de La Réunion

Armelle Klein

Si le vieillissement de la population est un phénomène désormais mondial, c'est en Europe qu'il est le plus visible, où l'on estime qu'une personne sur trois sera âgée de plus de soixante ans d'ici 2050. La Réunion, qui connaît un vieillissement très rapide de sa population, fait s'interroger les pouvoirs publics sur les leviers d'action pour préserver l'autonomie des seniors. Cet ouvrage décrypte l'écosystème réunionnais de la gérontologie et pourra servir de référence à d'autres études territorialisées.

(Coll. Populations, 284 p., 29 euros)

ISBN : 978-2-343-14607-2, EAN EBOOK : 9782140101694

DE L'INSERTION À L'EXCLUSION

Le cas des centres d'hébergement et de réinsertion sociale

Claire Fleury-Gorkowski

Cet ouvrage tente de mettre en exergue les mécanismes pouvant conduire à l'exclusion de personnes hébergées en centres d'hébergement et de réinsertion sociale (CHRS). À partir d'un constat de terrain professionnel, l'auteure va mener une recherche pour comprendre ce qui se joue dans l'exclusion des personnes en CHRS.

(Coll. Éducateurs et Préventions, 180 p., 19 euros)

ISBN : 978-2-343-15397-1, EAN EBOOK : 9782140101472

MON CORPS HANDICAPÉ ET MOI

Récit

Malika Semmache

Malika Semmache relate dans cet essai les répercussions du handicap moteur important, évolutif et irrémédiablement irréductible, sur son identité, son vécu et son quotidien. Le témoignage que celle-ci apporte s'accompagne d'une tentative d'analyse anthropologique de son expérience. Elle désire poursuivre cet effort de réflexion et de compréhension qui la propulse et la fait avancer indéniablement. La posture de chercheure « de l'intérieur » lui permet d'être à la fois sujet observant et sujet observé.

(Coll. Harmattan Algérie, 164 p., 17,5 euros)

ISBN : 978-2-343-15752-8, EAN EBOOK : 9782140101298

BRISURES

Abécédaire au pays de l'enfance en danger

Marie-Thérèse Leroy

Dans une approche originale, Marie-Thérèse Leroy nous dévoile vingt-six portraits, sous forme d'abécédaire. Elle a librement pris la plume pour revenir sur ces histoires singulières qui se déroulent entre 1966 et 2006. Les héros sont les enfants, les familles et aussi les professionnels d'un secteur trop souvent mal connu, celui de la protection de l'enfance en danger. Leur parole est évoquée avec respect, pudeur, parfois avec humour et sans jamais tomber dans le voyeurisme.

(134 p., 14,5 euros)

ISBN : 978-2-343-15653-8, EAN EBOOK : 9782140099243

INTERACTIONS COMMUNICATIVES EN MÉDIATION

La construction d'un dialogue

Fathi Ben Mrad

Dans la continuité de son premier livre sur la médiation intitulé "Sociologie des pratiques de médiation" (2002), Fathi Ben Mrad poursuit ses analyses de la médiation. L'auteur appréhende les médiations à partir des communications observées en situation. Son objectif est notamment de scruter les interactions communicatives des médiateurs et des médiés. Des figures comme le démasquage, le sous-entendu, ou la concession apparaissent dès lors comme des rhétoriques singulières observables chez ces médiés. Figures, face auxquelles les médiateurs développent des habilités adaptatives et des ajustements de leurs pratiques.

(Coll. Travail du social, 196 p., 20 euros)

ISBN : 978-2-343-15669-9, EAN EBOOK : 9782140100239

ÉDUCATEUR SPÉCIALISÉ : UNE AVENTURE HUMANISANTE

Dominique Lepage

L'auteur souhaite trasnmettre à tous les éducateurs ou à ceux qui se préparent à le devenir, tout le bonheur que ce métier lui a donné. Cette profession est aussi passionnante qu'elle est exigeante. Ces pages témoignent de l'enthousiasme et des convictions qui sont les siennes. C'est une aventure «humanisante » où le quotidien est un rendez-vous en terre inconnue.

(186 p., 19,5 euros)

ISBN : 978-2-343-15506-7, EAN EBOOK : 9782140098369

EHLERS-DANLOS

La maladie oubliée par la médecine

Claude Hamonet

Préface du professeur Rodney Grahame, Université de Londres

La maladie d'Ehlers-Danlos est une maladie héréditaire qui touche, de façon diffuse mais très variable, la quasi-totalité des tissus du corps humain, à l'exclusion du système nerveux. Ce n'est pas une maladie rare mais au contraire très fréquente (2 % de la population française). Ce n'est pas une maladie orpheline puisque des traitements efficaces ont pu être mis en place pour atténuer les conséquences fonctionnelles. Ce livre vient apporter les réponses que des centaines de milliers de patients attendent pour expliquer leurs souffrances et les multiples situations de handicap qu'ils rencontrent au quotidien, le plus souvent dans l'incompréhension parfois hostile de leur entourage et de leurs médecins.

(270 p., 29 euros)

ISBN : 978-2-343-15245-5, EAN EBOOK : 9782140097546

AU BORD DU SILENCE

Souffrance psychique, corps et handicap

Margitta Zimmermann

Qu'est-ce qu'un « handicap psychique »? Quelle réalité recouvre cette nouvelle catégorie médico-administrative, dans une société où un nombre croissant de « souffrances psychiques » au statut incertain dans le paysage médical met à mal la perspective strictement psychiatrique des problèmes de santé dite « mentale » ? Comment faire face à ce phénomène, d'une ampleur inconnue auparavant, qui s'est affranchi aujourd'hui des cadres sociaux et se retrouve aux deux extrêmes de l'échelle sociale ?

(Coll. Anthropologie Critique, 302 p., 30 euros)

ISBN : 978-2-343-15087-1, EAN EBOOK : 9782140097300

PETITES CONVERSATIONS SUR LES VIOLENCES

Paroles d'une femme policière

Catherine Garnier

En 2018, en France, les violences répétées sont encore le quotidien de milliers de femmes, d'hommes et d'enfants. Qui sont les victimes ? Pourquoi supportent-elles tant de souffrances ? Le cycle des violences, l'emprise, le stress post-traumatique, tous ces phénomènes qui les emprisonnent sont expliqués au lecteur afin qu'il change son regard et puisse comprendre que l'inexplicable a du sens.

(170 p., 18 euros)

ISBN : 978-2-343-15046-8, EAN EBOOK : 9782140093289

Structures éditoriales du groupe L'Harmattan

L'Harmattan Italie
Via degli Artisti, 15
10124 Torino
harmattan.italia@gmail.com

L'Harmattan Hongrie
Kossuth l. u. 14-16.
1053 Budapest
harmattan@harmattan.hu

L'Harmattan Sénégal
10 VDN en face Mermoz
BP 45034 Dakar-Fann
senharmattan@gmail.com

L'Harmattan Cameroun
TSINGA/FECAFOOT
BP 11486 Yaoundé
inkoukam@gmail.com

L'Harmattan Burkina Faso
Achille Somé – tengnule@hotmail.fr

L'Harmattan Guinée
Almamya, rue KA 028 OKB Agency
BP 3470 Conakry
harmattanguinee@yahoo.fr

L'Harmattan RDC
185, avenue Nyangwe
Commune de Lingwala – Kinshasa
matangilamusadila@yahoo.fr

L'Harmattan Congo
67, boulevard Denis-Sassou-N'Guesso
BP 2874 Brazzaville
harmattan.congo@yahoo.fr

L'Harmattan Mali
Sirakoro-Meguetana V31
Bamako
syllaka@yahoo.fr

L'Harmattan Togo
Djidjole – Lomé
Maison Amela
face EPP BATOME
ddamela@aol.com

L'Harmattan Côte d'Ivoire
Résidence Karl – Cité des Arts
Abidjan-Cocody
03 BP 1588 Abidjan
espace_harmattan.ci@hotmail.fr

L'Harmattan Algérie
22, rue Moulay-Mohamed
31000 Oran
info2@harmattan-algerie.com

L'Harmattan Maroc
5, rue Ferrane-Kouicha, Talaâ-Elkbira
Chrableyine, Fès-Médine
30000 Fès
harmattan.maroc@gmail.com

Nos librairies en France

Librairie internationale
16, rue des Écoles – 75005 Paris
librairie.internationale@harmattan.fr
01 40 46 79 11
www.librairieharmattan.com

Librairie l'Espace Harmattan
21 bis, rue des Écoles – 75005 Paris
librairie.espace@harmattan.fr
01 43 29 49 42

Lib. sciences humaines & histoire
21, rue des Écoles – 75005 Paris
librairie.sh@harmattan.fr
01 46 34 13 71
www.librairieharmattansh.com

Lib. Méditerranée & Moyen-Orient
7, rue des Carmes – 75005 Paris
librairie.mediterranee@harmattan.fr
01 43 29 71 15

Librairie Le Lucernaire
53, rue Notre-Dame-des-Champs – 75006 Paris
librairie@lucernaire.fr
01 42 22 67 13

www.ingramcontent.com/pod-product-compliance
Lightning Source LLC
LaVergne TN
LVHW010951061026
849535LV00006B/1669